RÉSUMÉ HISTORIQUE

DE L'EXPLORATION

A LA RECHERCHE DES GRANDS LACS

DE L'AFRIQUE ORIENTALE

FAITE EN 1857-1858

PAR R. F. BURTON et J. H. SPEKE.

PAR V. A. MALTE-BRUN,

Secrétaire adjoint de la Commission centrale de la Société de géographie de Paris,
Rédacteur en chef des Nouvelles Annales des Voyages,
Membre correspondant
des Sociétés géographiques de Londres, de Berlin, de Vienne et de Russie,
Professeur d'histoire au collége Stanislas.

PARIS.

ARTHUS BERTRAND, ÉDITEUR,

LIBRAIRE DE LA SOCIÉTÉ DE GÉOGRAPHIE,

21, rue Hautefeuille.

NOUVELLES ANNALES DES VOYAGES,

DE LA GÉOGRAPHIE ET DE L'HISTOIRE,

SIXIÈME SÉRIE, RÉDIGÉE

PAR M. V. A. MALTE-BRUN,

SECRÉTAIRE ADJOINT DE LA COMMISSION CENTRALE DE LA SOCIÉTÉ DE GÉOGRAPHIE DE PARIS,
MEMBRE CORRESPONDANT DE LA SOCIÉTÉ IMPÉRIALE GÉOGRAPHIQUE DE RUSSIE,
MEMBRE DE LA SOCIÉTÉ GÉOGRAPHIQUE DE BERLIN,
MEMBRE CORRESPONDANT DE LA SOCIÉTÉ ROYALE GÉOGRAPHIQUE DE LONDRES,
MEMBRE CORRESPONDANT DE LA SOCIÉTÉ I. R. GÉOGRAPHIQUE DE VIENNE, ETC.

avec la collaboration

DE PLUSIEURS SAVANTS ET DE MEMBRES DE L'INSTITUT.

Il paraît régulièrement le premier de chaque mois un cahier de 8 à 9 feuilles; les 12 cahiers réunis forment 4 beaux volumes in-8° ornés de cartes, vues et plans.

Cette nouvelle série comprend, dans chaque cahier:

1° Une ou plusieurs relations inédites et des mémoires originaux, accompagnés de cartes ou de plans toutes les fois que le sujet l'exige;

2° L'analyse et des extraits ou des traductions partielles d'un ou de plusieurs ouvrages récents, français ou étrangers;

3° Un choix nombreux et varié de nouvelles géographiques présentant l'ensemble du mouvement géographique du mois, et d'articles divers, de notices, etc., parmi les plus piquants et les plus remarquables publiés par les recueils et par les journaux français, ou par les revues étrangères;

4° Le compte rendu des travaux de toutes les sociétés savantes de l'Europe en ce qui se rapporte aux sciences géographiques;

5° Une bibliographie très-complète de toutes les publications géographiques du mois.

Pour Paris.	30 fr.
Pour les départements	36 fr.
Pour l'étranger.	42 fr.

NOTA. On ne peut pas souscrire pour moins d'une année, qui doit toujours commencer avec le mois de janvier.

Les **NOUVELLES ANNALES DES VOYAGES**, une des plus anciennes revues scientifiques publiées en France, est la seule qui soit exclusivement consacrée aux sciences géographiques et historiques. Créées en 1808 par *Malte-Brun*, elles ont toujours continué à paraître sans interruption jusqu'à ce jour.

Chaque année forme 4 forts volumes in-8° et un ouvrage complet qui représente fidèlement le mouvement des nouvelles, ainsi que des explorations géographiques de l'année.

Des cartes spéciales, exécutées avec le plus grand soin, tiennent toujours le lecteur au courant des changements et des découvertes les plus récentes.

Paris. — Imprimé par E. THUNOT et Cᵉ, 26, rue Racine.

RÉSUMÉ HISTORIQUE

DE L'EXPLORATION

À LA RECHERCHE DES GRANDS LACS

DE L'AFRIQUE ORIENTALE

FAITE EN 1857-1858

PAR R. F. BURTON et J. H. SPEKE.

I.

État des connaissances géographiques sur l'Afrique orientale à l'ouest de Zanzibar, avant l'exploration des capitaines Burton et Speke. — Motifs qui la font entreprendre.

La côte orientale d'Afrique, entre le cap Guardafui et l'embouchure de Zambèse, est restée longtemps peu connue, et au commencement de ce siècle on ne savait guère que ce que les prèmiers navigateurs portugais nous avaient appris ; « c'est à peine si, depuis Vasco de Gama et Albuquerque, deux ou trois navigateurs européens, le capitaine Hamilton 1720, notre compatriote Saulnier de Mondevit en 1787, l'Anglais Augustin Bissell en 1798, en avaient rectifié ou étendu quelques points (1). »

(1) Voir au tome III des *Annales* de 1845, page 269, l'article *La côte orientale d'Afrique entre le cap Delgado et le cap Guardafui. Esquisse historique et géographique*, par M. *Vivien de Saint-*

Cette longue stagnation de nos connaissances géographiques sur ces parages tenait à la nature des vents qui rendaient la navigation difficile, à la rareté des abris que ces côtes inhospitalières ou mal connues présentaient aux Européens, au peu de ressources commerciales que l'on y rencontrait; enfin, à l'indolence et à l'indifférence des Portugais qui peu à peu avaient laissé reprendre aux Arabes de l'Oman une certaine influence sur les populations riveraines, et avaient négligé d'entrer en rapport avec ceux-ci, qui pouvaient seuls, alors, les renseigner sur l'état de l'Afrique orientale et les ressources commerciales qu'elle présentait.

Ce fut seulement en 1814 que l'Anglais Salt, se rendant en Abyssinie, eut occasion de toucher sur quelques points de la côte baignée par l'océan Indien. Il nous donna dans sa relation des notions nouvelles, quoique bien faibles encore, sur la géographie de l'Afrique orientale et sur ses habitants indigènes; mais le premier pas était fait. Après lui les regards se tournèrent vers ces contrées si longtemps négligées; l'Abyssinie fut surtout le point de mire des voyageurs; le mémorable voyage de Rüppell, ceux de nos compatriotes Combes et Tamisier, Rochet d'Héricourt, Antoine et Arnaud d'Abbadie,

---

Martin. On peut, pour plus de détails, consulter le tome 1er de la relation de M. le capitaine Guillain, qui renferme un : *Exposé critique des diverses notions acquises sur l'Afrique orientale, depuis les temps les plus reculés jusqu'à nos jours.* Paris, in-8°, chez Arthus Bertrand.

— 5 —

Ferret et Galinier, celui du docteur Beke (1), contribuèrent à faire connaître l'Habesch et les contrées maritimes voisines ; les marins anglais, Owen et Moresby, relevèrent les côtes baignées par l'océan Indien et la mer Rouge. L'occupation d'Aden par les Anglais, la possibilité de correspondre plus facilement avec l'Inde par la mer Rouge et l'isthme de Suez, firent fréquenter par les navires européens ces mers trop longtemps évitées. La France elle-même y vit flotter son pavillon ; notre établissement récent dans les îles de Mayotte et de Nossi-Bé semblait promettre un heureux essor à notre marine marchande, et bientôt l'Imam de Mascate (2), qui dominait en maître dans les principaux ports de la côte, vit son alliance recherchée par l'Angleterre, la France (3) et les États-Unis qui entretinrent alors des consuls à Zanzibar, siége du gouvernement de ce prince-marchand. Plus tard, en 1846, le ministre de la marine et celui du commerce confiaient au capitaine Guillain, commandant du *Ducouëdic*, la mission de visiter la côte entre la baie de Lagoa et le cap Guardafui et d'étudier, au point de vue pratique, la question du commerce d'échange. La mission de cet honorable

(1) On sait que ce voyageur eut, le premier, notion d'un *lac intérieur d'Unya-Muezi*, qu'on lui affirma être situé à plusieurs journées au sud-ouest du pays des Gallas.

(2) C'est à tort, selon M. R. F. Burton, qu'on a traduit par le titre religieux d'*Imam* le nom arabe de *Sazzid* que porte le souverain de Mascate. Ce mot, chez les Arabes de l'Oman, signifie uniquement un *chef* ou un *prince*.

(3) Le traité entre la France et ce prince date de 1844.

officier fut interrompue par les événements de 1848, néanmoins elle nous valut des notions précieuses sur les ports de l'océan Indien et des détails importants sur le Sçomal et les Somaulis, détails qui sont venus s'ajouter à ceux que nous devions à MM. Ferret et Galinier (1).

Cependant en dehors de ces travaux qui tous n'avaient pour but que la région avoisinant la côte orientale, d'autres tentatives avaient eu lieu pour pénétrer dans l'intérieur du continent. On avait appris que depuis longtemps les marchands portugais des comptoirs de Sena de Tête, en Mozambique, s'aventuraient, à l'aide de caravanes, à de grandes distances dans l'intérieur, à la recherche de l'ivoire, des plumes d'autruche, de la poudre d'or et des esclaves; plus au nord les Arabes de l'Oman faisaient de Zanzibar l'entrepôt d'un commerce suivi avec l'Afrique équatoriale. La défiance des uns, l'ignorance des autres rendaient stériles pour la science ces courses lointaines, où elle eût pourtant trouvé tant à apprendre. L'attention déjà fixée sur ce point allait enfanter des entreprises, sinon heureuses, du moins hardies. Au retour d'une campagne dans les eaux de l'Afrique orientale, l'enseigne Maizan, ancien élève de l'école Polytechnique, avait, en 1844, formé le projet de traverser l'Afrique de l'est à

(1) Voir les *Documents sur l'histoire, la géographie et le commerce de l'Afrique orientale*, recueillis et rédigés par M. le capitaine Guillain. 3 vol. in-8°. Paris, Arthus Bertrand. Voir l'analyse que nous avons donnée de cet ouvrage au tome IV de nos *Annales* de 1857, décembre, p. 270.

l'ouest, il devait se joindre à une caravane qui se disposait à aller chercher de l'ivoire dans le pays d'U-nya-Muezi, mais il laissa partir la caravane, il s'engagea seul dans l'intérieur et, à trois jours de la côte, dans le voisinage du village de Damguelamchor, il fut surpris par Pazzi, chef d'une tribu du pays des Wazaramo, traîné hors de sa case, garotté aux pieux d'une palissade et égorgé. Il avait à peine 26 ans. Une autre tentative du docteur Bialobolotzky, dont le plan de voyage avait été dressé par le docteur Beke, échoua également (1).

Les missionnaires anglais devaient être plus heureux. Dès l'année 1844, MM. Krapf et Rebmann, appartenant à la *Church Mission* de Londres, étaient venus s'établir près de Mombaz, à Rabbaï M'pia (2);

(1) Voir les *Annales* de février-mars 1849, p. 353. — Voir le cahier de mai 1849, p. 207.

(2) La Société *Church Missionary* de Londres entretenait depuis plusieurs années des missionnaires en Abyssinie, lorsqu'en 1842 le docteur Krapf et son compagnon de travaux évangéliques, William Isemberg, furent contraints de quitter le Choa. Le docteur Krapf, pensant que s'il s'établissait sur la côte orientale d'Afrique, à l'embouchure de l'un des grands fleuves, il lui serait possible de pénétrer dans l'intérieur tout en entretenant des relations faciles avec l'Europe, vint en 1844 s'établir près de Mombaz, et il y fut rejoint en juin 1846 par le Rév. J. Rebmann.

Le Rév. docteur L. Krapf a publié sa relation en allemand, en 1858, sous ce titre : *Reisen in Ost-Afrika ausgeführt in den Jahren 1837-1855. Zur Beförderung der Ost-Afrikanischen Erd-und Missionkunde. 2 Theile in 1 Band in 8° XIV*, 506 *und* 522. *pp. mit* 1 *karte.* Stuttgard, Tubingen et Francfort a. M. ; et à Londres, chez Trübner, sous ce titre : *Travels in Eastern Africa. By Dr L. Krapf, Missionary to the Church Missionary Society ; in one vol in-8°, with illustrations and a map.*

ils gagnèrent la confiance des Ouakamba, entretinrent avec eux des rapports de commerce, et peu
à peu s'avancèrent, avec prudence d'abord, dans
l'intérieur de leur pays; M. Rebmann fut le premier
qui parvint à une certaine distance. En 1848, il alla,
en traversant le plateau de Taïta, jusqu'au Jagga et
il aperçut, pour la première fois, à la distance de
deux jours de marche, la cime blanche du Kilimandjaro. Pendant ce temps, le docteur Krapf visitait
l'Usambara. L'année suivante, le docteur Rebmann
retournait au Jagga, tandis que le docteur Krapf
accomplissait le difficile et périlleux voyage de l'U-
kambani, éloigné de 400 milles de Rabbaï-M'pia;
c'est pendant cette excursion qu'il eut connaissance
de l'existence du Kénia et du volcan voisin. Un autre
voyage dans le sud compléta ces tournées explora-
trices (1).

Dans leurs courses, ils apprirent qu'à l'ouest d.
Mombaz, au delà de l'Unya-Muezi, contrée que l'on
a dépuis identifié avec le Mono-Moesi (2), il se trouvait un grand lac du bord oriental duquel on ne
pouvait voir le bord opposé, et ce lac, le docteur
Rebmann le figura même dans la carte de sa relation (3).

La croyance à l'existence de grands lacs sub-équa-
toriaux ou intertropicaux dans l'intérieur du conti-

(1) Voir aux *Annales* de 1849, 1850, 1851, 1852, les relations de ces
différents voyages avec cartes à l'appui.

(2) C'est le Mono-Emugi de la carte de Guillaume Delisle.

(3) *Church Missionary Intelligencer*, années 1849 et 1850. —Voir
les *Annales des Voyages* de 1849, tome II, p. 257.

nent africain n'était d'ailleurs pas nouvelle ; Ptolé mée y plaçait l'origine du Nil. Ces lacs figuraient dans quelques cartes portugaises (1) et dans nos cartes françaises; à l'imitation de Guillaume Delisle, on représentait non loin de la côte, mais à une latitude indéterminée, un lac Maravi, qui, plus tard, avec de nouvelles informations, prenait les noms de *N'yassi*, *N'yassa*, *N'yandja*, etc., etc., mot qui dans les idiomes africains est l'équivalent de *lac, grand amas d'eau* (2).

Cependant les missionnaires de Mombaz devaient être curieux de chercher à approfondir une question sur laquelle de vagues mais persistantes informations leur venaient de tous les côtés. Le Rév. docteur Erhardt qui avait remplacé à Rabbaï-M'pia le docteur Krapf parti pour l'Europe, voulant apprendre la langue kikamba que parlent les Wakamba (habitants de l'Ukambani), s'était rendu au petit por' de Tanga situé au sud de Mombaz, vers le 5e de-

(1) Le *British Museum* vient d'acquérir une très-curieuse et grand carte portugaise tracée sur la projection de Mercator, par *Antoni Sances* en 1623, qui montre la connaissance que possédaient alors le; Portugais de l'intérieur de l'Afrique. Sur cette carte de vélin l'auteur place distinctement une grande masse d'eau dans l'intérieur de l'A-frique et dans le parallèle de Zanzibar.

Une autre carte antérieure à celle-ci, la carte de Juan Freire, qui date de 1546, indique également vers le 8e degré de latitude une vaste mer intérieure.

(2) On peut consulter les *Recherches sur la géographie du N'yassi*, par W. Desbrough Cooley, au tome XV du *Journal of the Royal Geographical Society of London*. Voir l'analyse de ce mémoire par M. Vivien de Saint-Martin, aux *Annales des Voyages* de 1845, t. IV, p 257.

gré de latitude méridionale. Pendant les six mois qu'il y séjourna, il eut l'occasion de voir beaucoup de voyageurs arabes, car cette ville est le point de réunion des grandes caravanes qui se rendent dans l'intérieur. Il constata que ce commerce se faisait par trois routes qui ont leur point de départ 1° à Tanga et quelquefois à Pangani, un peu au sud de Tanga; 2° à Bagamóyo, vers 6° 16' de latitude; 3° à Quiloa, vers le 9° latitude. Il apprit, en outre, qu'en partant d'un quelconque de ces points dont la distance extrême est de près de quatre degrés, environ cent lieues géographiques, on arrivait, en se dirigeant toujours vers l'ouest, à un grand lac dont les habitants ne connaissaient ni la fin ni l'étendue.

Ces informations auxquelles vinrent s'en joindre d'autres plus explicites sur les routes suivies par les caravanes des Arabes vers l'intérieur, la durée des marches, les étapes fréquentées, les peuplades et les villages que l'on rencontrait engagèrent MM. Erhardt et Rebmann à rédiger un mémoire et à dresser une carte dont la publication excita au plus haut point l'attention des géographes (1).

La carte du Rév. Erhardt présentait en effet de

(1) Voir le mémoire du docteur Rebmann au *Church Missionary Intelligencer* de février 1856, t. VII. — Voir le rapport du R. Erhardt avec la carte dressée à l'appui, dans le cahier I. 1856 des *Mittheilungen* du docteur A. Petermann. — Voir au *Bulletin de la Société de Géographie*, cahier d'avril 1856, la notice que nous avons donnée sur l'existence de ces grands lacs. — Voir aux *Annales des Voyages* de juin 1856 la même notice, mais accompagnée d'une carte et de la traduction du mémoire du Rév. docteur Erhardt. Nous avons publié cette notice et le mémoire en une brochure in-8°, aujourd'hui épuisée.

l'Équateur au 12ᵉ degré une vaste mer intérieure, qui n'avait pas moins de 300 lieues géographiques de longueur sur une largeur estimée d'au moins 100 lieues. Il fallait donc admettre dans l'intérieur du continent africain une Caspienne de 30,000 lieues géographiques carrées, et cette hypothèse trouva, il faut le dire, beaucoup d'incrédules parmi les géographes : MM. Murchison, l'honorable président de la Société royale géographique de Londres, Beke, Mac Queen, Desbrough-Cooley, en Angleterre; MM. C. Ritter, A. Petermann, en Allemagne; plusieurs de nos confrères de la Société de Géographie de Paris, et nous même, s'il nous est permis de nous nommer ici (1), après mûre réflexion, furent conduits à considérer le grand lac de la carte de M. Erhardt comme fractionné en deux lacs distincts, au moins; l'un, vers le sud, plus petit, plus rapproché de la côte et sur lequel naviguaient des canots ou de petites barques; l'autre au nord, bien plus étendu, souvent agité par des tempêtes, et sur lequel flottaient de plus grandes embarcations, allant à la voile et à la rame et pouvant contenir jusqu'à 80 personnes.

Cependant le curieux mémoire de MM. Erhardt et Rebmann renfermait des indications qu'il était d'une grande importance de vérifier; l'heureux succès de l'entreprise tentée par le docteur Livingstone, la fameuse traversée du continent africain de Saint-

---

(1) Voir au *Bulletin de la Société de Géographie*, octobre-novembre 1856, p. 294, l'article : *Le lac N'yassa distinct de celui d'Ukérewé.*

Paul-de-Loanda à l'embouchure de Zambèse donnait aux recherches géographiques sur l'Afrique Orientale un nouvel intérêt, il était urgent de suivre la voie tracée par les Missionnaires de Rabbaï-M'pia ; trois grandes idées se rattachaient à une sérieuse exploration de l'Afrique par la côte orientale. C'était par là que l'on devait espérer atteindre les sources du Nil (1) ; il fallait déterminer le véritable emplacement des monts Kénia et Kilimandjaro, résoudre cette grande question : Ces montagnes sont-elles couvertes de neiges éternelles? il fallait enfin chercher à atteindre les grands lacs pour en déterminer la position, la géographie physique, les populations riveraines, etc., etc. La Société Royale géographique de Londres à qui toutes ces questions, déjà élaborées par ses nationaux importait tant, résolut d'organiser une mission scientifique dans le but louable de les résoudre.

II.

Mission confiée au capitaine R. F. Burton (2), il s'associe le capitaine J. H. Speke. — Exploration préliminaire de la côte orientale d'Afrique. — Voyage sur la rivière Pangani et à Fuga.

Le capitaine R.-F. Burton sur lequel se fixa le choix de la Société Royale géographique de Londres s'était déjà avantageusement fait connaître par

(1) M. Jomard avait déjà attiré l'attention des géographes vers ce point.

(2) La relation de l'exploration des capitaines Burton et Speke n'a pas encore vu le jour au moment où nous publions ce Résumé historique

un hardi voyage en Arabie. Sous le caractère d'un hadji musulman, il avait visité, au péril de sa vie, les sanctuaires de l'Islam (1), et plus tard il avait osé pénétrer dans la cité africaine de Harar (2) jusqu'alors interdite aux chrétiens.

Mais la tâche qu'il allait entreprendre était immense, grosse de périls et de difficultés de toute nature. Burton résolut de s'associer quelqu'un digne d'en partager et la gloire et les dangers, il demanda qu'on lui adjoignit le capitaine J.-H. Speke avec lequel il était depuis longtemps lié et dont il appréciait l'énergie et le sang-froid.

(1er décembre 1859). Nous avons rédigé notre travail en faisant usage des matériaux suivants :

Proceedings of the Royal geographical Society; vol. II, n° I, n° V *Adress* 1858 *by Sir Roderick I. Murchison.* — Vol. III, n° III, n° V. *Adress* 1859, *by Sir Roderick I. Murchison*; n° VI;

Vol. XXVIII *of the Royal geographical Society* 1858. *Edited by Norton Shaw. Die Englische Expedition unter Burton und Speke nach Inner-Afrika, mit 1 karte*; aux IXe et Xe cahiers, 1859 des *Mittheilungen* du Dr *A. Petermann*;

Blackwood's Edinburgh Magazine; septembre, octobre, novembre 1859. Relation communiquée à l'Éditeur par le capitaine *J. H. Speke*, avec une carte.

Revue Britannique d'octobre et novembre 1858, Relation de la course à Fuga, sous ce titre : Le capitaine Burton sur la côte de Zanguebar. Extrait d'un premier mémoire : *Zanzibar and two months in east Africa*, par *R. F. Burton*;

Journaux anglais, notes et correspondances particulières.

(1) M. R. F. Burton a publié à Londres la relation de ce voyage en 3 vol. in-8°, avec cartes et illustrations.

(2) Voir le mémoire sur la route de Zeyla à Harar, par R. F. Burton, au *Bulletin de la Société de Géographie* de juin 1855, p. 337. — Voir la description de la ville d'Harar, d'après le lieutenant R. F. Burton, aux *Annales des Voyages*, octobre 1855, p. 79.

Officier au service de l'armée du Bengale, comme l'était Burton, J. H. Speke s'était déjà fait connaître comme habile naturaliste dans une exploration du Tibet et de l'Himalaya; plus tard, en 1855, il avait accompagné Burton à Berbera, dans une expédition qui avait pour but de pénétrer dans l'intérieur du continent vers le sud-ouest, couper la ligne équinoxiale et redescendre ensuite au sud-est jusqu'à Zanzibar (1). Mais cette expédition avait eu une issue malheureuse; dès le début Speke put à peine visiter le pays des Somaulis jusqu'à Ras-Kori. Les voyageurs anglais furent attaqués dans leur camp par les Somaulis qui s'emparèrent dans cette occasion des bagages des voyageurs, tuèrent le capitaine Stroyan, blessèrent les capitaines Burton et Herne et firent prisonnier Speke qui parvint fort heureusement à s'échapper des mains de ses ennemis et vint rejoindre à Aden ses compatriotes.

Burton n'abandonnait pas son projet de pénétrer dans l'intérieur du continent africain et il songeait à reprendre sa revanche, lorsqu'il reçut les instructions de la Société Royale géographique de Londres qui désignait Zanzibar comme centre d'opérations et point de départ offrant plus de chances de réussite que tout autre point des côtes de l'Océan Indien.

Le capitaine Burton devait marcher au nord-ouest, reconnaître les grands lacs dont l'existence n'était plus douteuse dans cette direction, et cher-

____

(1) Voir les *Annales des Voyages* de janvier 1855, p. 120.

cher enfin la chaîne problématique de ces montagnes neigeuses, qui cachaient, croyait-on du moins, les sources toujours ignorées du Nil.

Burton et Speke s'embarquèrent à Bombay le 2 décembre 1856 sur l'*Elphinstone*, sloop de guerre de la Compagnie des Indes qui les conduisit en dix-huit jours à Zanzibar. Ils arrivaient dans cette île au moment où l'on venait d'apprendre la mort du Sazzid-Saïd ; le second fils de ce prince Sazzid-Majid vivait retiré dans le palais de Zanzibar, tandis qu'une partie des villes de la côte de Zanguebar étaient plongées dans l'anarchie. Burton et Speke prirent auprès du colonel Hammerton, consul de S. M. B. à Zanzibar, toutes les informations propres à faciliter leur voyage. Ils visitèrent d'abord la ville qui est aujourd'hui le principal marché des Européens sur la côte orientale d'Afrique. Dans la prison de la forteresse on leur montra un noir chargé de fers pesants et si étroitement attaché à un canon qu'il ne peut se tenir ni couché, ni debout. Ce misérable, nommé Mezingera, appartient à l'une des tribus de l'intérieur, c'est lui qui battait le tambour de guerre autour du lieu où son chef égorgeait avec d'atroces circonstances l'infortuné M. Maizan. Capturé à la suite d'une expédition arabe, tandis que son maître bien plus coupable que lui parvenait à s'échapper, il avait d'abord été tenu à la chaîne pendant deux ans devant la porte du consulat français, il était dans cette prison depuis 1847 et sa robuste constitution ne semblait pas atteinte de l'affreuse existence qu'il y menait.

Comme le temps ne paraissait pas favorable pour une expédition dans l'intérieur du continent africain, le capitaine Burton et son compagnon résolurent d'attendre quelques mois, et pour utiliser leur temps il fut convenu, d'un commun accord, qu'on visiterait les villes de la côte orientale d'Afrique.

Dans la soirée du 5 janvier 1857. les capitaines Burton et Speke s'embarquèrent sur le bedin arabe le *Riami*, frêté exprès pour cette croisière qui devait durer deux mois. Naviguant entre la côte et les îles ils visitèrent ainsi Chakchak dans l'île de Pemba, Mombaz et Pangani.

Avant de quitter Mombaz nos voyageurs voulurent aller voir dans sa résidence de Rabbaï-M'pia, le R. Rebmann. Ils se rendirent après une navigation d'environ 10 milles (16 kilomètres), accomplie fort lentement dans des canaux bordés de part et d'autre par une végétation tropicale, sur le continent, à enron 1 mille environ du pied des collines de Rabbaï, ils en gravirent la pente fort abrupte, et une course de 4 milles (6 kilomètres) dans des montagnes boisées les conduisit devant la maison des Missionnaires. Elle consiste en trois corps de logis en maçonnerie construite autour d'une cour carrée dont le quatrième côté est fermé par une grille.

Burton recueillit de la bouche même du révérend missionnaire de précieuses informations sur les races de cette partie de l'Afrique. Le R. Rebmann les partage en trois grandes sections, savoir :

« 1° Les peuples purement nomades, tels que les Sçomals ou Somaulis, les Gallas, les Masaï, ils son essentiellement belliqueux, féroces et très-redoutés de leurs voisins.

2° Les tribus demi-pastorales, comme les Wakamba, qui, bien que dépourvues d'habitations permanentes, font cultiver les champs par leurs femmes et ne se livrent qu'occasionnellement au pillage.

3° Les peuples agricoles, tels que les Wanika et autres qu'on rencontre dans toute la région, située entre la mer et les grands lacs. Ils sont querelleurs et voleurs, mais ils se montrent pacifiques à l'égard des étrangers. Ce sont des mulâtres dont le sang nègre a été mêlé au sang asiatique. Les formes de leur corps sont irréprochables, tandis que les traits de leur visage sont repoussants (1). »

Speke et Burton se proposaient une courte excursion dans l'intérieur, mais ils ne purent mettre ce projet à exécution ; le pays était privé d'eau par la sécheresse, ils manquaient de provisions, et ne purent trouver ni guides, ni porteurs, tant les naturels redoutent les partis de maraudeurs qui infestent la côte. Force leur fut donc de revenir à Zanzibar. Au retour ils visitèrent Wasin, situé comme Mombaz, sur une île de corail, et la petite ville de Tanga qui compte 4,000 à 5,000 âmes. Le 3 février ils quittèrent cette ville et se rendirent à Pangani, située à l'embouchure de la rivière du même nom,

(1) Voir le récit de l'excursion du capitaine Burton à Fuga au tome XXVIII du *Journal of the Rogal geographical Society*, et dans la *Revue Britannique* d'octobre et de novembre 1858.

à peu près à égale distance entre Tanga et Zanzibar. C'est un des principaux marchés de cette côte, elle compte avec les villages de Kumba, de Boény et de Mzidlia une population de 4,000 âmes ; on en exporte des grains, du beurre clarifié, de l'ivoire, des cornes de rhinocéros et des dents d'hippopotames (1).

Burton et son compagnon auraient bien voulu atteindre le Kilimandjaro à travers le Jagga et le pays des Masaï, mais il leur aurait fallu une escorte de cent hommes armés de fusils, et pour l'avoir dépenser 2,500 fr. par semaine, ce qui eût en peu de temps épuisé leurs ressources. Ils durent donc provisoirement se contenter d'une rapide excursion à Fuga, et le 6 février ils quittaient Pangani dans un bateau manœuvré par quatre rameurs.

Pour se rendre à Fuga il fallait remonter la rivière ; la navigation fut lente, pénible et contrariée par le temps. Le spectacle qui s'offrait à nos voyageurs ne manquait cependant pas de charmes. L'hippopotame élevant sa tête au-dessus du courant contemplait d'un œil farouche le canot qui fendait l'eau sous les vigoureux efforts des rameurs ; puis l'horrible animal se replongeait dans la profondeur de la rivière. Éveillé par le bruit cadencé des rames, le hi-

---

(1) Nous n'avons pas voulu entrer dans plus de détails sur les ports de la côte orientale d'Afrique. Voir le *Résumé historique du voyage d'exploration à la côte orientale d'Afrique, exécuté pendant les années 1846, 1847, 1848, par le brick le Ducouëdic, sous le commandement du capitaine Guillain*, que nous avons publié aux *Annales* de décembre 1857, p. 270.

deux crocodile faisait sur la vase du bord quelques pas marqués par l'empreinte de sa terrible griffe ; puis s'arrêtant immobile comme un tronc d'arbre jauni, il fixait les voyageurs de son œil vert perçant et profondément enfoncé. Des singes se jouaient au haut des arbres, tandis qu'au-dessous d'eux des hommes et des femmes d'apparence aussi sauvage se livraient à la pêche avec de grossiers filets. « Le ciel, dit le capitaine Burton (1), était d'un bleu éclatant que l'onde réfléchissait avec une nuance plus foncée. Une brume légère, tempérant l'excès de la lumière, adoucissait les contours de tous les objets. Un épais feuillage offrant toutes les teintes du noir, du vert, du jaune, du rouge, ombrageait les deux rives. »

Ayant atteint Chogway, point important qui commande la route du pays des Ousambara et dans le fort duquel l'imam de Mascate entretient une petite garnison de Beloutchis, Burton et Speke quittèrent la rivière, et après avoir réduit le bagage au simple nécessaire, ils s'engagèrent avec un guide, cinq soldats beloutchis et quatre porteurs, dans la montagne, marchant sur une seule file comme les Indiens de l'Amérique du Nord. Après une journée de marche on parvint au pied du *Rongway*, dont le nom signifie grande montagne ; il s'élève brusquement du côté de la plaine à 2,000 pieds de hauteur, c'est le premier gradin du plateau montagneux habité par les Ousambara ; le climat y est délicieux,

_____

(1) Voir sa relation du voyage à Fuga dans la *Revue Britannique* d'octobre et novembre 1858.

tandis que dans la plaine tout est dévoré par la chaleur intertropicale. Trois jours après on atteignait, à la suite d'une marche pénible à travers des ravins boisés et un pays entièrement sauvage couvert de jungles épais, le village de Kohoday, situé sur la rive droite de la rivière de Pangani et habité par les Wazegura. L'aspect de ce village à demi caché par un épais rideau d'arbres, de buissons et de hautes herbes était solitaire et plein de charmes. Il se composait de petites huttes, les unes carrées, les autres rondes, autour desquelles circulaient des vaches, des chèvres et des moutons. Une forte palissade entourait le village pour le protéger contre les attaques des hommes et des bêtes fauves, et elle pénétrait dans la rivière, de manière à ménager un bassin qui permît de s'y baigner sans redouter les hippopotames et les crocodiles. La petite caravane s'y reposa un jour, et le lendemain, le 13 février au matin, elle repassa sur la rive gauche de la rivière et remonta la vallée ayant à sa droite les hautes et abruptes collines habitées par les Ousambara. La rivière de Pangani avait alors l'aspect d'un torrent que les naturels n'osaient traverser à gué par crainte des crocodiles qu'elle recèle ; *ses eaux avaient une saveur particulière que le capitaine Speke, qui a longtemps parcouru les montagnes de l'Himalaya, crut reconnaître comme étant celle de la neige fondue.* Ils traversèrent successivement plusieurs villages aux huttes rondes et coniques, présentant de loin l'apparence de meules de foin, et dont les habitants, tous agriculteurs, offraient en vente des chèvres, des moutons, de la volaille, du miel, des grains, des cannes à sucre. Ici les hommes aiguisent leurs dents en pointe, et, comme dans d'autres parties de l'Afrique centrale, portent aux oreilles un morceau de bois qui les déforme.

Arrivés au pied des montagnes de Fuga, nos explorateurs s'engagèrent dans un sentier à peine praticable pour les chèvres. Les villages se montraient perchés comme des nids d'aigle sur les sommets de la montagne ; au point le plus élevé du chemin ils n'eurent devant leurs yeux qu'une foule de cônes arrondis, revêtus de gazon et sillonnés par des sentiers dont l'argile rouge se détachait sur la verdure. Des bois couvraient la plupart des pentes et dans les fonds on apercevait des marais traversés par des ruisseaux ; au nord-ouest de hautes montagnes bornaient l'horizon et les voyageurs se trouvaient à 4,000 pieds anglais au-dessus de la mer et à 37 milles (60 kilom.) de la côte à vol d'oiseau. C'est en cheminant ainsi qu'ils arrivèrent à Fuga, bourg principal de l'Usambara qui n'offre guère qu'un amas de huttes couvertes en chaume ; sa population ne dépasse pas 3,000 âmes. « Les Ousambara sont une race noire mélangée de sang arabe, ainsi que l'indique la couleur brune de leur peau. Ils sont de petite taille, mais vigoureux ; ils ont la tête rasée et les pieds nus, et portent attachés à leur cou, à leur poitrine, à leurs bras, à leurs chevilles, des talismans. Pour tout vêtement ils portent une espèce de blouse et une pièce d'étoffe nouée autour des reins. Un couteau est passé dans leur ceinture de corde, et ils ne sortent jamais de chez eux sans leur pipe, leur arc et leurs flèches. Les femmes outre les talismans qu'elles portent comme les hommes, se parent de grands colliers de verroterie blanche qui pèsent parfois jusqu'à plusieurs livres. Leur vêtement consiste en une chemise serrée au-dessous des bras et tombant jusqu'à la cheville. Les deux sexes sont également industrieux. Les pères et les fils travaillent aux champs, font paître le bétail, et quelquefois se livrent à la chasse du daim et de la pintade. Les femmes s'occupent des soins du ménage, elles nettoient la hutte, vont chercher le bois, écrasent le grain dans les mortiers, font cuire le pain et portent l'enfant sur leurs épaules. La viande est un objet de luxe, le lait est aussi un aliment assez rare ; car, ainsi qu'on l'observe chez tous les peuples sauvages, les vaches le produisent ici en assez petite quantité et d'une manière fort irrégulière (1). »

Le 17 février, Burton et Speke quittèrent Fuga après y avoir reçu un accueil assez cordial du vieux sultan Kinwere, grâce aux présents qu'ils avaient eu la précaution de faire à son *mganga*, personnage important cumulant à la fois les fonctions de prêtre, de devin et de médecin. Le retour se fit sans événement particulier en suivant la rive gauche de la rivière de Pangany, au-dessous de Kohoday ; nos voya-

____

(1) Récit de Burton dans la *Revue Britannique* de novembre 1858, p. 141. (*Zanzibar and two months in East Africa.*)

geurs rencontrèrent plusieurs rapides et quelques cascades, formées par la rivière. Le 21 février ils arrivaient à Chogway ; où ils se livrèrent au plaisir de la chasse aux hippopotames, chasse qui n'est pas toujours sans danger, et quelques jours après ils atteignaient Pangany. Le 3 mars, le capitaine Speke y fut atteint de la fièvre, et quelques heures plus tard c'était le tour du capitaine Burton. C'est abattus par la maldie, que le 6 mars, au matin, ils s'embarquèrent pour Zanzibar, où ils arrivèrent avant le coucher du soleil.

III.

Départ des explorateurs pour leur grand voyage dans l'intérieur du continent. — De Zanzibar au lac de Tanganyika.

Après un repos de trois mois employé à se remettre des fatigues du voyage et en préparatifs pour leur grande expédition dans l'intérieur, le capitaine Burton et son compagnon ayant laissé passer la saison des pluies, s'embarquèrent sur un navire de guerre que le sultan Majid avait mis à leur disposition, et se rendirent en compagnie du colonel Hammerton qui voulait leur faire la conduite, à Kaolé, situé de l'autre côté du canal de Zanzibar, sur la terre-ferme. Kaolé est un petit port situé un peu au sud de l'embouchure de la rivière de Kingani. Le 26 juin 1857, après avoir fait leurs adieux au consul anglais, qu'ils ne devaient plus revoir (1), nos

(1) En effet, cet honorable officier, qui était depuis plus de huit années établi à Zanzibar en qualité de consul de S. M. B., mourut peu-

explorateurs quittaient Kaolé pour marcher droit à l'ouest. Leur, petite caravane se composait de douze soldats beloutchis, fournis par le sultan Majid, de porteurs noirs, de domestiques, de conducteurs, en tout d'environ quatre-vingts personnes ; trente ânes devaient transporter les bagages, ou servir de monture (1). Ils remontèrent d'abord le fleuve Kingani. On eut à traverser la plaine basse et alluviale, couvertes de collines, appelées *M'rima*. Les principaux villages qui se rencontrèrent sur leur route furent Nzaza, Thumba, Sagerera, Ndeze, Mgeta, dans le pays des Wazaramo ; Zungomero, ville principale des Wazegura, qu'ils atteignirent le 25 juillet, et dans laquelle la maladie les obligea de séjourner jusqu'au 7 août. Cette ville, qui est élevée à 278 pieds au-dessus de la mer, est située au pied d'une chaîne de montagnes, distante de la côte, d'environ 120 milles, et dont l'élévation générale est de 6,000 pieds. Cette chaîne les surprit par sa ressemblance avec les Ghauts-Occidentales de la presqu'île du Dekhan, dans l'Inde, et à 120 milles de la côte ils rencontrèrent une chaîne montagneuse qui s'élevait à une hauteur de 6,000 pieds avec une largeur d'environ 90 milles ; elle se compose principalement de grès et de calcaire.

dant leur absence. Les capitaines Burton et Speke n'eurent alors qu'à se louer de leurs rapports avec M. Ladislas Cochet, consul français, auquel ils s'adressèrent.

(2) On trouvera au Xe cahier des *Mittheilungen* du docteur Aug. Petermann, à la page 429, une liste très-détaillée des membres de l'expédition, de son matériel et de ses ressources.

Parvenus au sommet de cette chaîne, ils redescendirent dans le grand plateau intérieur à un niveau plus bas, et traversant quelques pauvres terres, ils atteignirent Ugogi, ville principale de l'Ugogo, riche pays dans lequel des monticules de granite et de basalte s'élèvent du milieu de la plaine, comme les rochers du milieu de l'Océan. Ce pays est exclusivement peuplé par les nègres idolâtres, ne croyant qu'aux bons et aux mauvais génies ; ceux d'entre eux qui obéissent à un sultan vivent paisiblement, chez eux, les armes à feu sont rares. Les principales productions de leur pays sont le coton, le tabac, le maïs, les patates, une grande variété de légumes, manioc, yam, courges, etc., etc. Ils travaillent le fer, tissent le coton et possèdent en abondance des vaches et des chèvres ; tout chez eux semble annoncer qu'ils vivent dans l'aisance.

Bientôt après Burton et Speke trouvèrent une terre élevée presque toute en plaine, située de 2,500 à 4,000 pieds (800 à 1,300 mètres) au-dessus du niveau de la mer. Ils y furent assaillis par des vents froids de l'est qui durent toute l'année. Ils continuèrent en faisant successivement étape à Ugogo, et à Jive-La-M'kao, dans le pays des Wakimbu ; ils entrèrent ensuite dans l'Unyanyembé, et le 27 novembre ils atteignaient Kazéh, grand marché de l'intérieur où les marchands arabes vont troquer les articles de la côte contre de l'ivoire et des esclaves. Cette ville, dans laquelle ils séjournèrent quelque temps, est élevée de 3,400 pieds (1,100 à 1,200 mètres) au-dessus du ni-

veau de la mer. Après avoir recueilli toutes les informations qu'ils croyaient pouvoir leur être utiles,
ils reprirent leur route vers l'ouest en traversant les
pays de Usagari, de Ukalaganza, de Ugela, de Usam-
bua, de Ututa, qui dépendent de la vaste contrée de
l'Unya-Muezi.

Usenye, M'pete, sont les principaux villages
qu'ils rencontrèrent sur leur route ; ce dernier est
sur les bords d'une rivière qui courait vers l'ouest à
travers une région montagneuse. Plus tard, ils re-
connurent que cette rivière, nommée Malagarazi,
allait se jeter dans le grand lac qu'ils recherchaient.
Le 3 mars 1858 ils atteignaient enfin un grand amas
d'eau intérieur, s'étendant du sud au nord, appelé
par les Arabes, lac d'Ujiji ou d'Unya-Muezi, mais
que les naturels nommaient lac de *Tanganyika* (1).

Tout le territoire qu'ils avaient parcouru entre la
côte et le lac peut se diviser, d'après sa conforma-
tion physique, en cinq zones. La première s'étend à
110 milles de la côte, entre la mer et Zungomero;
elle renferme une contrée fertile qui s'élève peu à
peu, et consiste en plaines alluviales. La seconde, qui
s'étend dans une largeur de 90 milles de Zungomero
jusqu'à Ugogi, est formée par la chaîne orientale de
l'Afrique qui court parallèlement à la côte depuis le
9e degré de latitude, au nord, jusque dans le voisi-

(1) Il est à remarquer que les marchands portugais avaient appris
qu'au nord de Lucenda, capitale du Cazembe, se trouvait sur les bords
orientaux d'un grand lac un marché ou village appelé Zanganyka ;
Henri Kiepert l'a indiqué dans la carte d'Afrique de son nouvel atlas
(*Hand Atlas*).

nage du cap de Bonne-Espérance. Cette partie du pays est formée par un réseau et un enchevêtrement de montagnes dont les plus élevées ne dépassent pas 6,000 pieds (environ 2,000 mètres), le sol y paraît particulièrement fertile. La troisième zone, moins fertile que les précédentes, offre un plateau de 2,500 à 4,000 pieds de hauteur, et s'étend d'Ugogi jusqu'au district d'Unyanyembé au centre de l'Unya-Muezi. La quatrième zone est comprise entre les districts d'Unyanyembé et d'Unyakorou, elle a environ 55 milles de largeur ; elle offre également un plateau élevé, bien arrosé, très-fertile et peuplé. La cinquième, qui s'étend jusqu'à Ujiji, sur les bords du lac de Tanganyika, a une inclinaison de 1,800 pieds vers l'ouest sur une longueur de 145 milles ; elle est extrêmement fertile et paraît propre à toute espèce de culture.

IV.

Le lac de Tanganyika. — Voyage du capitaine Speke aux îles qu'il renferme. — Navigation intérieure. — Retour à Kawélé.

Ce fut à Ukaranga que Burton et Speke atteignirent le lac de Tanganyika. Il occupe un vaste bassin formé par une dépression du sol, et ses eaux sont à environ 1,800 pieds anglais (environ 600 mètres) au-dessous du niveau de la mer. Vers son extrémité septentrionale, il est entouré d'une chaîne de montagnes en forme de demi-lune, qui parurent à Speke avoir au moins 6,000 pieds (2,000 mètres) d'élévation.

D'Ukaranga nos voyageurs se rendirent à Kawelé, principal port du district d'Ujiji, qui, pour les Arabes, donne quelquefois son nom au lac. Laissant à Kawelé le capitaine Burton qui venait de tomber malade des fatigues par lui endurées, le capitaine Speke se rendit en canot jusqu'à Kabogo, village situé à plusieurs milles vers le sud. Il observa dans cette excursion que les eaux du lac se montraient d'abord parfaitement paisibles ; mais plus tard il dut reconnaître que le mauvais temps y causait des tempêtes redoutables pour les faibles embarcations qui y naviguent. Ses rives offrent un aspect magnifique, des ports commodes, le sol paraît extrêmement fertile et d'épaisses forêts s'élèvent de tous côtés en amphithéâtre.

Après s'être abrité le troisième jour dans le petit port de M'giti contre une tempête, Speke continua sa navigation jusqu'à Insigazi, près de Kabogo ; il quitta alors la rive orientale du lac, et prenant une direction ouest-sud-ouest, il arriva à un groupe d'îles éloignées de la rive orientale d'environ 26 milles (42 kilomètres). Les principales portent les noms de Kivira, Kabizia et Kassengé ; elles sont très-belles, salubres et très-peuplées, les côtes sont très-poissonneuses, le sol, qui y est d'une grande fertilité, produit en quantité du blé, des légumes, et les habitants engraissent beaucoup de volailles. Mais, pour faire ombre à ce tableau, il nous faut ajouter que dans son excursion Speke rencontra un grand nombre d'hippopotames, d'éléphants, de buffles, d'antilopes et de crocodiles. Dans l'île de Kivira on éprouva quelques difficultés à se procurer des vivres, les naturels ne voulant pas en vendre, et le capitaine Speke souffrit beaucoup d'un insecte qui s'était introduit dans une de ses oreilles.

Le 10 mars, il quitta l'île de Kivira pour se rendre dans celle de Kabizia ; cette dernière est principalement habitée par des pêcheurs, aussi le marché au poisson de toute la contrée s'y tient-il. Néanmoins elle est bien cultivée dans sa partie nord-est. L'île est très-petite et s'élève graduellement du sud-est au nord-ouest ; elle ne renferme qu'un village d'une vingtaine de misérables huttes habitées par des pêcheurs vivant du produit de leur pêche et vendant ce qu'ils ne peuvent consommer aux insulaires voisins et aux habitants de la terre-ferme ; avec cela, ils cultivent la maïs et d'autres légumes, et ils élèvent de la volaille. De Kivira Speke apercevait Kassengé, où il avait l'intention de se rendre, et la terre-ferme ; et, sur celle-ci ils distingua l'extrémité occidentale de ce demi-cercle de montagnes qui entourent le lac vers le nord ; elles vont en s'élevant graduellement et forment un vaste amphithéâtre boisé, dont les derniers arbres baignent leur pied dans les eaux du lac ; mais leur sommet, surtout vers le nord où elles sont plus élévées, est entièrement denudé à cause de la violence des vents qui y règnent. A l'ouest, au delà de Kassengé et vers le sud, le pays paraît accidenté et couvert de collines isolées. Speke quitta Kivira le 11 mars à midi, et, après une navigation d'une heure et demie dans la direction sud-ouest, il atteignit Kassengé, où un marchand arabe, Shaykh-Hamed-bin-Sulayyim, l'attendait entouré d'un grand nombre de naturels ; il fut chaudement accueilli, et conduit par lui dans son habitation qui différait beaucoup de celles des indigènes ; construite par les Souahélis de la côte, elle pouvait à la rigueur passer pour offrir tout le confortable, on y était à l'abri de la chaleur du jour et elle se composait de plusieurs chambres ayant chacune une destination distincte ; une terrasse, couverte d'un treillage, permettait d'y trouver un abri assuré contre les rayons presque verticaux du soleil, tout en traitant des affaires qui faisaient l'objet du négoce du maître.

Le marchand Hamed offrit à Speke de lui prêter son *dhow*, sorte de grande barque manœuvrant à la rame et à la voile pour naviguer sur le lac ; mais deux difficultés se présentèrent : le dhow était à Ukaranga sur la côte orientale du lac et Hamed l'avait fait réclamer par un de ses confrères, nommé Kamis, que Speke avait rencontré à Kabizia ; de plus, on pensait qu'il ne serait guère possible de recruter parmi les indigènes un équipage capable de le conduire. Hamed ayant besoin de ses gens, habitués à une telle manœuvre, pour se rendre à Uruwwa, à environ 100 milles (160 kilomètres) au sud-ouest de l'île. Ce marchand arabe engagea donc Speke à patienter pendant quelque temps ; il lui donna du reste tous les renseignements qu'il pouvait désirer sur le lac.

Hamed avait visité les deux extrémités du lac de Tanganyika, il avait trouvé la partie méridionale plus longue et plus large que la partie septentrionale. Ce lac ne renferme pas d'îles en son milieu, elles sont toutes sur les bords et paraissent être la projection des chaînes de collines de la terre-ferme; d'étroits canaux les séparent les unes des autres. Une grande rivière, nommée Marungu, se jette dans le lac à son extrémité méridionale; mais excepté celle-ci et la rivière Malagarazi, sur la rive orientale, aucun autre cours d'eau, au dire de Hamed, ne vient déboucher dans le lac. Cependant, en explorant l'extrémité septentrionale, il en vit, ajoutait-il, une beaucoup plus grande qui sortait certainement du lac. Il n'osa en approcher parce que ses rives sont occupées par des hordes sauvages de nègres, ennemis de tous les étrangers. Hamed alla si près de la sortie de cette rivière qu'il put voir et sentir la *violence du courant*. Le capitaine Speke considérant que le lac de Tanganyika est entouré au nord par un demi-cercle de montagnes, que de plus le niveau des eaux lui parut inférieur à celui des plateaux environnants, rejette l'idée qu'une rivière sort du lac vers son extrémité septentrionale (1). Quant

---

(1) Cependant ne pourrait-il pas se faire que cette rivière sortant du lac passât à travers des gorges sinueuses de la montagne qui, de loin, n'offrirait pourtant à la vue aucune solution de continuité, comme cela arrive dans bien des cas connus, et qu'alors, à sa sortie des gorges, elle allât rejoindre le fleuve Blanc qui, selon le R. P. Knoblecher, est à peu près sous le même méridien ? On sait que le R. P. Knoblecher place Garbo, sa station sur le fleuve Blanc, à 26° 20′ (M. P.). — *Voir la carte.*

à la longueur du lac, l'Arabe estimait que d'Ujiji il fallait huit jours de navigation, avec le dhow, pour atteindre son extrémité septentrionale , et quinze pour atteindre sa pointe la plus méridionale.

Cependant le dhow, d'abord si gracieusement offert par Hamed , n'arrivait pas, celui-ci ne paraissait guère pressé de recruter parmi ses Souahélis l'équipage dont Speke aurait eu besoin pour le diriger , et néanmoins il ne cessait de lui donner les témoignages de la plus ample hospitalité. Ennuyé de ces retards, Speke occupa son temps à visiter Kassengé. L'île de Kassengé a environ un mille de longueur et se termine au nord et au sud pas une langue de terre qui vient mourir dans les eaux du lac; un étroit canal la sépare de la terre-ferme, et ce n'est qu'à son extrémité nord-ouest que les grandes eaux du lac la baignent sans entrave; une faible portion du sol y est seule cultivée. Sa population est plus nombreuse que celle des autres ports du lac. Les naturels sont très-malpropres, curieux à l'excès, en apparence ils ne diffèrent pas des Cafres; comme eux, ils sont de haute taille, ont les lèvres épaisses, le nez plat, les cheveux laineux et frisés; ils sont faciles à amuser. Leurs femmes sont mieux vêtues qu'eux-mêmes, elles s'enveloppent le corps d'une pièce de toile attachée sous les bras et tombant jusqu'aux genoux; elles portent généralement des bracelets de cuivre ou d'ivoire , tandis que leurs maris n'ont qu'une étroite bande de toile autour des reins et une peau de chèvre sur leurs épaules. Ils passent des journées entières couchés en plein soleil autour de leurs huttes; les mères ne semblent pas douées d'une grande affection pour leurs enfants, elles les échangent volontiers contre quelques pièces de toile avec les marchands arabes.

Le village de Kassengé se compose d'un grand nombre de huttes disposées sans ordre, elles ont de loin l'apparence de meules de foin; le palais du sultan n'est qu'une hutte un peu plus grande que les voisines. Le monarque, au dire du capitaine Speke, est un despote très-aimable et très-aimé de ses sujets; il fit à notre voyageur les présents d'usage. La nourriture du peuple consiste principalement en poisson et en volaille qui sont en grande abondance dans le pays. La population de Kassengé est considérable et elle fournit même à l'émigration. La religion est le pur fétichisme, ils la désignent sous le nom de *Uganga*, le prêtre ou devin-sorcier prend le nom de *mganga*, le mot de *Waganga* indique la réunion de plusieurs prêtres (1).

Le 13 mars, le dhow, tant désiré, arriva enfin portant des vaches, des chèvres, de l'huile, du beurre liquide et autres objets de consommation que l'on ne rencontre pas dans le pays; mais le capitaine

(1) Dans les idiomes africains des tribus qui habitent entre Zanzibar et les grands Lacs, les préfixes *U, M, W, Ki,* sont généralement employées : *U* pour désigner un pays ou une place; *M*, un individu, le singulier; *Wa* pour indiquer la collection d'individus, le pluriel; enfin *Ki* pour désigner l'adjectif. Ainsi *Ufipa* est le nom d'un pays, *M'fipa* désigne un habitant de ce pays, *Wafipa*, une collection d'habitants, et *Kifipa*, un objet quelconque du pays d'*Ufipa*.

Speke n'était pas encore au bout de ses tribulations, Hamed différait de jour en jour de tenir la promesse qu'il lui avait faite de le mettre à sa disposition ; tantôt il déclarait ne pouvoir lui composer un équipage convenable, tantôt il venait lui apprendre avec regret que le bâtiment avait besoin de réparation ; il finit par lui conseiller de retourner à Kawélé dans un canot pour y attendre l'arrivée d'un marchand arabe, nommé Shaykh Said-bin-Majid, dans la caravane duquel il serait possible de recruter les hommes nécessaires à l'équipage du Dhow. Hamed le promena encore d'espérances en espérances. Fatigué de tant de retards, voyant qu'il ne pouvait accompagner le marchand arabe à Uruwwa, le capitaine Speke se décida à retourner à Kawélé ; mais auparavant il employa sa dernière journée à parcourir l'île et à visiter les principaux points de vue qu'offrait le lac, soit de Thembwe, promontoire de la terre-ferme, situé au sud de l'île ; soit de Ukungwé sur la rive orientale. Enfin le 22 mars, après douze jours de séjour à Kassengé, notre hardi explorateur prit congé de son hôte généreux mais défiant ; il se rendit d'abord à Kabizia, puis de là à Kivira, où il fut retenu plusieurs jours par la violence du vent qui soufflait en tempête sur le lac. Enfin le 27, le temps s'étant remis au beau, le canot quitta définitivement l'île ; il fallut quatorze heures, dont deux furent consacrées au repos, pour traverser le lac. Speke mesura à l'aide de la triangulation, de la boussole et des observations astronomiques la largeur de cette nappe d'eau ; elle avait 26 milles (environ 42 kilomètres) au point où il la traversa, il n'avait malheureusement pas de sonde et ne put s'assurer de sa profondeur, mais il pense qu'elle doit être considérable parce qu'il vit des hommes de l'équipage retirer leurs paniers à poisson d'une profondeur très-considérable. Le 28 au matin, on découvrit la rive orientale du lac, et le canot vint s'arrêter vis-à-vis de l'embouchure de la petite rivière Luguwu. Il fallut dresser la tente dans le canot même pour avoir un abri contre le mauvais temps. Il pleuvait, il faisait grand vent, et la rive était marécageuse et couverte de roseaux. Dans l'après-midi, la tempête qui régnait sur le lac s'étant calmée, le capitaine Speke et ses compagnons gagnèrent M'giti-Khambi, où l'on prit un peu de repos; et le 31, dans la matinée, il eut le plaisir de rejoindre à Kawélé le capitaine Burton, dont la santé s'était un peu améliorée. Burton ayant eu connaissance des différentes circonstances de l'exploration de Kassengé, put regretter avec son ami que les manœuvres et les temporisations de Hamed n'eussent pas permis une plus entière reconnaissance du lac de Tanganyika à l'aide du dhow.

Réduits à leurs propres ressources, Burton et Speke résolurent d'explorer ensemble le nord du lac. Profitant de ce que Kannina, chef de Kawélé, avait l'intention de se rendre auprès du sultan d'Uvira pour lui acheter de l'ivoire, ils lui proposèrent de l'accompagner. Ce sultan d'Uvira administre le district qui s'étend au nord et au nord-ouest du lac. Le capitaine Burton avec Kannina prirent place dans une grande barque conduite par 40 rameurs, tandis que Speke en montait une beaucoup plus petite ; mais, pour obtenir la protection de Kannina dans cette petite excursion, il leur fallut en faire tous les frais. Arrivés après huit jours de navigation à Uvira, ils auraient bien voulu pousser jusqu'à l'extrémité septentrionale du lac, distante d'environ six heures ; mais ils en furent empêchés parce qu'on leur dit que les bords en étaient habités par les Warundis, tribu entièrement hostile aux Wajijis qui composaient les équipages de leurs embarcations ; Speke dut se borner à s'assurer du sommet d'une hauteur voisine d'Uvira, que les montagnes entouraient en effet le lac vers le nord et que d'après les pentes il fallait nécessairement que la rivière Rusuzi vînt tomber dans le lac, loin d'en être un déversoir comme l'avait d'abord dit Shaykh Hamed. Du reste, les autres informations du marchand arabe furent reconnues fondées. En revenant d'Uvira, nos explorateurs longèrent la côte occidentale et passèrent en vue de la longue île d'Ubwari.

V.

De Kawélé sur le lac de Tanganyika à Kazéh dans l'Unyabembé. — Le capitaine Speke se rend seul au lac d'Ukéréwé ou Nyanza d'Ukéréwé.

Plusieurs semaines furent employées par les capitaines Burton et Speke à faire des excursions sur les bords du lac, ils firent les observations nécessaires pour en déterminer la position, ils recueillirent des

marchands arabes toutes les informations qui pouvaient leur être utiles ; mais ils furent souvent con-
trariés par le mauvais temps qui altéra leur santé,
et ce ne fut guère que vers le 15 mai, après la saison des pluies, qu'ils reprirent le chemin de Kazéh
par une route un peu plus septentrionale que celle qui
les avait conduits sur les bords du lac de Tanganyika.
Ils se dirigèrent vers la pointe orientale du demi-
cercle de montagnes qui l'entouraient au nord. Dans
les premiers jours de juin, ils atteignaient la rivière
Malagazari qui leur présenta une largeur moins considérable que lors de leur premier passage, époque
à laquelle elle était débordée. Arrivés à Kazéh vers
la fin de juin, ils y furent accueillis avec toutes les
ressources de la plus large hospitalité arabe par
Shaykh Snay, le principal marchand arabe de ce
grand dépôt du centre de l'Afrique.

Ils avaient, en effet, grand besoin de réparer leurs
forces et de rétablir leur santé altérée, car ce n'était
pas sans de grandes fatigues que nos hardis explorateurs avaient pu se rendre au lac de Tanganyika.
on en jugera par la lettre suivante que Burton écri-
vait le 24 juin 1858 de l'Unyanyembé. « Nous avons
tous les deux beaucoup souffert de la maladie. Il
nous a fallu nous rendre de l'Unyanyembé à Ujiji
pendant la saison des pluies, voyageant dans un canot découvert, exposés au vent, à la pluie, au soleil
et à la rosée ; à terre il nous fallait dormir dans la
vase, pendant le temps que dura l'exploration du
lac (un mois). Nous eûmes alors beaucoup de fati-

gues à endurer, et nous fûmes exposés à de grands dangers ; maintenant nous nous remettons peu à peu, et la pensée que nos efforts ont été couronnés de succès, et qu'ils seront appréciés, a de beaucoup diminué le découragement produit par les privations de toute sorte que nous avons éprouvées dans notre voyage vers l'ouest. Nos trente ânes sont tous morts, nos porteurs ont déserté, nos bagages sont restés en arrière, notre escorte noire devint si indisciplinée que nous dûmes la renvoyer. La faiblesse de notre petite caravane encouragea les attaques des tribus hostiles, et nos misérables Béloutchis, qui, à la moindre alerte, se cachaient dans les jungles, nous ont occasionné de grands embarras pendant tout le voyage... Nous regrettons amèrement que les préparatifs pour l'expédition aient été faits sur une aussi petite échelle. Avec 5,000 livres sterling (125,000 fr.) de plus, nous aurions pu parcourir l'Afrique de l'est à l'ouest, sans la moindre difficulté (1)... »

Le Shaykh Snay, auprès duquel Burton et Speke trouvaient un accueil si empressé, avait beaucoup voyagé, il ne manquait pas d'instruction, et nos deux explorateurs en obtinrent de curieuses informations, c'est de lui qu'ils avaient d'abord appris, à leur premier passage, l'existence du grand Nyanza (2), ou lac

(1) Voir les *Proceedings of the Royal geographical Society of London*, vol. III, n° III, 1859, p. 111.

(2) Le mot *Nyanza*, *Nyassa* ou *Nyassi*, paraît signifier dans l'idiome de plusieurs tribus africaines *grande étendue d'eau, lac*, les *Wanyanza*, *Wanyassa* ou *Wanyassi* sont tous ceux qui en habitent

d'Ukéréwé; il avait voyagé à l'ouest de cette vaste nappe d'eau jusqu'à Kiboga, capitale du royaume d'Uganda, habitée par les Waganda, et il put donner sur le district montagneux de Karagway, sur les Wanyoro (habitants de l'Unyoro), les rivières Kitangura, Kitanga, des détails intéressants qui furent avidement recueillis à cause de leur caractère de sincérité et dont le capitaine Speke sut habilement profiter pour la construction de sa carte. Ces informations furent d'ailleurs corroborées depuis par celles d'autres marchands arabes ou souhaélis, qui avaient aussi fait le voyage de Kiboga pour acheter de l'ivoire aux Waganda.

Le capitaine Speke, laissant son compagnon à Kazéh pour le rétablissement de sa santé, résolut de se porter au nord pour atteindre le grand lac d'Ukéréwé qu'on lui représentait comme plus étendu et plus important que celui de Tanganyika.

La caravane qu'il organisa dans ce but se composait d'un *kirangozi* ou guide, de vingt pagazis, de dix beloutchis et de Bombay, Mabrouk et Gaetano, ses fidèles serviteurs, escorte qui parut suffisante pour un voyage dont la durée ne devait pas dépasser six semaines. On se mit en route le 9 juillet 1858, et ce ne fut que le 3 août que la petite caravane atteignit les bords du Nyanza d'Ukéréwé, c'est-à-dire du lac d'Ukéréwé.

La route que le capitaine Speke suivit traverse de

les bords. Ils portent chez les tribus étrangères ce nom indépendamment de celui qui est propre à leur peuplade.

vastes plaines couvertes de jungles , des vallées aux pentes très-boisées , et longe quelques marécages. Il fit, au sortir de l'Unyanyembé, la rencontre de deux caravanes de Wasukuma (1). l'une portant de l'ivoire à la côte, et l'autre conduisant les troupeaux sur les marchés de cette contrée. Des troupeaux de zèbres se faisaient voir dans les parties les plus sauvages de la route. On traversa successivement le district d'Ulékampuri dont le village parut construit avec bien plus de soin que ceux de l'Unya-Muezi. Le pays à l'est et au nord-est de ce village sembla fort peuplé, il est habité par les Wakimbu et les Wasagari que leurs rapports journaliers mêlent ici entre eux. On passa ensuite dans le district d'Unyambéwa qui est coupé de collines granitiques et dont la végétation est luxuriante ; après avoir traversé une épaisse forêt, la caravane prit quelque repos auprès d'un étang d'eau douce, ce qui est une bonne fortune dans le désert.

Un peu plus loin on fit encore la rencontre d'une caravane de Wasukuma chargés d'ivoire. Au delà de cette forêt les villages redevenaient plus nombreux, le pays était cultivé, et semblait nourrir de nombreux troupeaux ; il obéissait à la sultane Ungugu, c'était la première femme que Speke eût vue revêtue de ces fonctions administratives en Afrique. Au district d'Unyambéwa succéda celui d'Ibanda , qui, comme le précédent, est couvert de forêts, au mi-

(1) *Wasukuma* signifie *hommes du nord*, par rapport à l'Unya-muezi ; le mot *sukuma* indique la direction du nord.

lieu desquelles sont quelques plaines cultivées et des villages. Le 16 juillet, la caravane arrivait à Ukamba, village du district de Msalala, il est habité par les Wamanda, à 12 milles à l'est sont les Wasongo, tandis que les Waguanda habitent à 20 milles, dans la direction occidentale. Toute la contrée ne présente pas seulement un admirable aspect, mais elle offre encore de grandes ressources pour l'approvisionnement; la viande, les grains, les œufs y abondent, et il y croît une grande variété de végétaux. Le district d'Uyombo que la petite caravane traversa ensuite était gouverné par un sultan, nommé Mihambo. Le pays offrait de vastes plaines ondulées, ou s'élevaient çà et là quelques collines couvertes de bois épais et de hautes broussailles, dans les creux formés par ces ondulations la culture était luxuriante. Le district de Nindo, que l'on atteignit le 25 juillet, est au milieu d'un pays sauvage, séparé du précédent par des jungles et des forêts qui étaient fréquentées par les partis de Wamanda alors en guerre avec les Wayombo. On y rencontra de nombreuses troupes d'élans, de girafes et d'éléphants. Ce district était habité par les Waumba, à 30 milles à l'est étaient la tribu des Wanatiya, et à 30 milles à l'ouest celle des Wazinza. Dans le district de Salawé, des piliers de granit, dont l'un était plus élevé que la colonne de Pompée à Alexandrie fixèrent l'attention du capitaine Speke, il les désigne comme pouvant parfaitement servir de signal, car on peut les apercevoir de 8 milles de distance. A partir du district de Salawé, la route pénètre dans un désert marécageux où croissent des bois et des taillis épineux, conduisant à une large vallée, formée par des collines peu élevées.

Bientôt l'aspect d'un pays mieux cultivé, de villages plus rapprochés au milieu desquels s'élevaient quelques palmiers, firent penser que l'on approchait du Grand Nyanza que les Arabes dépeignaient sous le nom de lac d'Ukérewé. La caravane descendit dans une contrée déprimée, couverte de jungles, et traversée par un *nullah* ou torrent fangeux qui reçut le nom de *Jordans Nullah* (1). On entrait alors dans le district d'Uvira. Le pays paraissait, dans la direction de l'est, ouvert et ondulé, mais dans le nord et l'extrême ouest il était couvert de collines, et fort abondant en animaux sauvages. Les hippopotames fréquentaient le Nullah à la nuit, les rhinocéros ravageaient également nuitamment les plantations des villages. La contrée et celle d'Urima, dans laquelle la caravane s'engagea le 1er août, était habitée par une population qui se livrait à l'exploitation des mines de fer que l'on trouve dans le voisinage, à l'agriculture et à l'élève des troupeaux. Pendant la saison des pluies les parties basses sont tellement inondées qu'il est impossible de voyager dans ce pays. La caravane traversa ainsi plusieurs villages, entre autres celui d'Ukumbi, occupé par la tribu des Walaswanda, et après avoir suivi une route sinueuse, accidentée de collines, celui d'Isamiro.

Le 3 août, après avoir quitté le village d'Isamiro,

(1) On appelle *Nullah* dans le pays un cours d'eau qui n'existe que dans la saison des pluies.

le capitaine Speke découvrit du sommet d'une haute colline, à laquelle il donna le nom de *Sommerset*, une vaste étendue d'eau, c'était le Nyassa d'Ukéréwé ou lac d'Ukéréwé, le but de ses recherches, il l'atteignait après vingt-cinq jours de marches pénibles, à travers un pays dans lequel aucun Européen n'avait pénétré avant lui. Il avait parcouru, depuis Kazéh, 226 milles (365 kilomètres), ce qui donne 9 milles (14 kilomètres) par jour, y compris les haltes.

VI.

Le Nyanza d'Ukéréwé, ou lac d'Ukéréwé, appelé par J. H. Speke lac Victoria Nyanza.

Lorsque le capitaine Speke atteignit le lac d'Ukéréwé il était de bonne heure, ses eaux azurées paraissaient calmes, elles allaient se confondre, au loin, dans la direction nord-ouest avec l'horizon ; mais vers l'ouest la vue était interceptée par un groupe d'îles formées par des cônes isolés de 200 à 300 pieds d'altitude au-dessus du niveau de l'eau. Il donna à ces îles le nom d'*Archipel du Bengale*. Sur la droite, dans la direction de l'est, mais plus au loin, on distinguait la pointe occidentale d'une île beaucoup plus grande, c'était cette fameuse île d'Ukéréwé qui donne son nom au lac, cette île et celles de Mzita et de Majid qui en sont voisines paraissaient être à environ 20 ou 30 milles (32 à 48 kilomètres). La rive occidentale du lac, aussi loin que le groupe des îles du Bengale permettait de la suivre, était accidentée de petites collines boisées, tandis qu'au-dessous de lui notre voyageur pouvait suivre le cours du bourbeux Nullah qui venait se perdre dans le lac. A quelque distance des îles un petit point noir se mouvant parfois avec célérité indiquait le canot de quelque pêcheur. Enfin, dans la plaine qui s'étendait à ses pieds, entre le lac et la haute colline où il était placé, une fumée bleuâtre qui s'élevait du milieu des arbres trahissait l'existence de quelque village, le calme et la grandeur du spectacle qu'il avait devant les yeux frappèrent Speke d'admiration. Les informations des Arabes étaient vérifiées, notre explorateur avait, en effet, devant lui « un lac beaucoup plus étendu que le Tanganyika, si large qu'on ne pouvait en distinguer les deux rives, et si long que personne n'en connaissait la longueur. »

Le capitaine Speke se rendit à Muanza qui était le but principal de son voyage. C'est un village, situé sur les bords du lac, et dans une grande plaine dont le niveau ne dépasse guère celui des eaux. Cette plaine, est bien cultivée, et l'on y trouve tout ce qui, à cette latitude, peut contribuer à rendre la vie agréable. Notre voyageur fut bien accueilli par un marchand arabe, nommé Mansur-ben-Salim, qui se trouvait alors dans le pays.

Mansur et un des indigènes qui avaient longtemps voyagé lui donnèrent les renseignements les plus détaillés sur ce qu'ils savaient ; Speke fit en leur compagnie plusieurs courses sur les bords du lac, il en releva en partie la triangulation, et fit du haut d'une colline, qui reçut à ce propos le nom de *colline de l'Observatoire*, plusieurs observations propres à en bien fixer la position. Il aurait bien voulu se rendre dans l'île d'Ukéréwé; mais ici, ce qui s'était passé sur les bords du Tanganyika se reproduisit; le marchand arabe fut pour lui plein de bienveillance et lui offrit une complète hospitalité, mais il ne put ou ne voulut pas lui procurer une barque. Speke dut donc s'en tenir à ses conjectures relativement à l'île d'Ukéréwé; et il croit que ce n'est pas une île, mais bien une presqu'île formée par une langue de terre s'étendant du nord vers le sud, et que ce n'est qu'accidentellement et pendant la saison des pluies que les parties hautes sont séparées de la terre-ferme. Néanmoins les terres basses ainsi inondées sont guéables pour les bestiaux. L'île d'Ukéréwé, qui est très-peuplée, obéit à trois sultans, celui de la partie méridionale est le plus puissant, il se nomme Machunda, son principal revenu consiste dans ses échanges d'ivoire avec les marchands arabes. La largeur du lac en ce point était, assura-t-on au capitaine Speke, de 80 à 100 milles (130 à 160 kilomètres), quant à sa longueur, elle était inconnue; et le naturel auquel il s'adressait se contenta de lui faire comprendre qu'elle était immense. A 14 ou 15 milles (22 ou 25 kilomètres) de la colline où notre explorateur fit ses observations, et dans la direction de l'est est situé le village de Sukuma où l'on trouva des canots pour passer dans l'île d'Ukéréwé, et il faut six heures de tra versée pour l'atteindre, ce qui suppose une largeur d'environ 15 milles (25 kilomètres). Le 5 août, Speke alla rendre visite à Mahaya, sultan de Muanza, de qui dépendait Sukuma, espérant gagner ses bonnes grâces et en obtenir les embarcations nécessaires pour passer dans l'Ukéréwé. Il le trouva dans une petite habitation champêtre située au sommet d'un promontoire rocheux, regardant le côté nord-ouest du lac et ombragée par des arbres verts. Le prince indigène le reçut avec grandes politesses. « C'est, dit Speke, un homme d'une taille plus qu'ordinaire, un géant en miniature aux membres épais, musculeux, mais bien proportionnés ; il paraît avoir 50 ans, ses armes étaient relevées par des ornements de cuivre, et ses bras couverts d'anneaux d'ivoire, sur son front s'élevaient, au milieu d'un grand nombre d'autres petits ornements qui étaient là comme talismans, deux petites cornes de chèvre ou de daim destinées à le préserver du mauvais œil ; enfin son cou était chargé d'un collier de deux rangées de perles bleues (1). » Le sultan, d'accord en cela avec l'arabe Mansur, fit tous ses efforts pour dissuader le capitaine anglais de se rendre dans l'île d'Ukéréwé, il lui refusa ses embarcations sous prétexte de dangers imaginaires et l'engagea instamment à s'en retourner au plus vite d'où il venait sans jamais songer à le revoir ; pour se montrer agréable à l'étranger, Mahaya consentit cependant à réunir les principaux de sa tribu, et

____

(1) Voir la relation de Speke dans le *Blackwood's Magazine* d'octobre.

Speke chercha à en tirer le plus de renseignements qu'il put sur le lac, mais aucun d'entre eux ne savait rien sur son extrémité septentrionale, quoique quelques noirs se fussent avancé en canot bien au loin le long de la rive orientale dans le voisinage du par le district de Karagway. Il apprit cependant par une femme de Mahaya qui était de la tribu des Wanyoro (habitants de l'Unyoro), les noms de plusieurs districts du pays d'Uganda ; et, plus tard, d'un naturel de Msalala, l'existence d'un district de Kitara et d'une île de Kitiri située à peu de distance de la côte et habitée par les Watiri qui cultivent le café. Vers cette latitude le lac était si grand et si agité que lorsque le vent soufflait les barques n'osaient s'y aventurer. D'ailleurs il paraît constant que les habitants de la rive orientale étaient sans communications avec ceux de la rive occidentale, et Mahaya représentait les différentes tribus des Washukuma, c'est-à-dire les hommes des tribus situées vers le nord sur la rive orientale du lac, et bien au loin de son pays, comme extrêmement sauvages et féroces.

Le capitaine Speke s'assura que le niveau du lac est à environ 3750 pieds anglais (1,140 mètres) au-dessus du niveau de la mer ; ses eaux, à l'époque où le voyageur les vit, sont d'une couleur blanche sale, mais elles sont très-bonnes et douces quoique peut-être moins agréables au goût que les eaux limpides du Tanganyika. Le lac d'Ukéréwé, auquel le capitaine Speke, par un gracieux souvenir pour sa souveraine, imposa le nom de *Victoria Nyanza*, est abondant en poissons et en crocodiles. La quantité de moustiques que l'on rencontre sur ses bords est surprenante, les broussailles et tout ce qui y croît en sont littéralement couverts; ils sont d'un brun clair et différents des moustiques de l'Inde. Il n'y a que peu de canots sur le lac, encore sont-ils petits; cela tient au manque de bois de construction. Le pays à l'entour du lac est généralement plat, peu élevé au-dessus de ses eaux, de loin en loin s'élèvent des collines souvent isolées dont l'altitude ne dépasse pas 3 ou 400 pieds. Les îles qui surgissent du milieu des eaux ne semblent même pas être autre chose que les sommets des collines immergées dans la vaste dépression qui forme le bassin du lac.

N'ayant plus aucun renseignement à obtenir de Mahaya ni des siens; sans aucun espoir de pouvoir se procurer l'embarcation nécessaire pour naviguer sur le lac, visiter l'île d'Ukéréwé ou du moins celle de M'zita; pressé d'ailleurs par le temps, le capitaine Speke prit congé, le 16 juillet 1858, de ses hôtes en leur laissant, ainsi qu'à l'Arabe Mansur, quelques présents. Il revint sur ses pas et se rendit à Ukumbi, où il réorganisa sa petite caravane. On comprend avec quelle répugnance il dut se décider au retour, nul doute que s'il eût eu plus de temps à sa disposition et quelques charges de verroteries de plus, il ne se fût avancé jusqu'à l'Équateur. Combien eût alors été grande l'importance d'une sérieuse exploration de la rive occidentale du Nyanza et du versant oriental de

cet amphithéâtre de montagnes situé au nord du lac
de Tanganyika, dans lesquelles il croit reconnaître les
fameuses Montagnes de la Lune de Ptolémée. Le retour se fit avec célérité par la même voie qui avait
conduit nos voyageurs sur les bords du Nyanza; on
revit Nindo, Senagongo où le chef Kanoni lui fit une
brillante réception, il en obtint de nouvelles informations qui complétèrent ou confirmèrent celles
qu'il avait déjà reçues relativement au lac. C'est ainsi
qu'un vieillard lui raconta qu'il avait remonté les rives occidentales du Nyanza pendant *deux lunes*
(soixante jours), et qu'au delà du district du Karagway il avait traversé le pays de Muanyé où le café
croît en abondance. Il décrivit exactement le caféier
qui croît dans d'immenses plantations. Dans le voisinage, il avait visité l'île de Kitiri, occupée par les
Watiri, peuplade malheureuse, allant nue et ne vivant que de poissons et de gâteaux de café réduit en
poudre. Le lac lui avait paru très-tempétueux et sans
limites. Le 16 juillet, Speke campa à Mgogwa où il
fut bien accueilli par Kurua, frère de Kanoni. Fidèle
à ses habitudes, notre explorateur fit réunir les an-
ciens pour les interroger. L'un d'eux avait fait trois
fois le voyage du Nyanza à Pangani; il avait mis deux
mois à faire ce trajet en passant par l'Usambara, par le
pays des Masaï, nomades, guerriers et turbulents, et
il était enfin arrivé à Usukuma, sur les bords du lac.
Le 24 juillet, la petite caravane atteignait, après une
marche forcée, le village d'Ulékampuri; elle s'y reposa un jour. Les 18 milles qui séparent ce dernier de

Kazéh se firent par une marche de nuit, et la rentrée du capitaine dans la principale ville de l'Unyanyembé fut une véritable ovation. Il eut la joie de retrouver la capitaine Burton en bonne santé; il avait mis six semaines à faire cette excursion au lac d'Ukéréwé, t il ne lui avait fallu que seize jours pour le retour. Après un séjour de plusieurs semaines à Kazéh, Burton et Speke, ayant terminé tous leurs préparatifs de voyage, prirent congé des marchands arabes et des paisibles habitants de l'Unyanyembé; ils se dirigèrent vers Zanzibar après avoir franchi sans trop de fatigues le redoutable pays d'Ugogo. Ils firent une halte de quelques mois à Zanzibar, où ils trouvèrent auprès du consul français, M. Ladislas Cochet, l'accueil le plus empressé, car, pendant leur absence, l'honorable colonel Hammerton était mort. En mars 1859, ils quittaient Zanzibar, et, au mois de mai suivant, ils arrivaient en Angleterre.

VII.

Le Nyanza d'Ukéréwé et les Sources du Nil.

Si l'on considère que la vaste nappe d'eau du Nyanza d'Ukéréwé s'étend au loin vers le nord, au delà de l'équateur, que son altitude est presque de 4,000 pieds au-dessus du niveau de la mer; sachant, de plus, que son méridien est, à peu de chose près, celui du Bahr-el-Abiad; on comprendra comment le capitaine Speke a été conduit à penser que le Nyanza, par lui découvert, est la principale source du Nil. Cette opinion est d'ailleurs d'accord avec ce que l'on s'est plu à supposer depuis Ptolémée ; ainsi qu'avec les spéculations émises devant la Société royale géographique de Londres par son honorable président, Sir Roderick I. Murchison, et par le docteur David Livingstone, relativement à la nature du plateau central de l'Afrique.

La configuration du pays à l'est du Nyanza milite, en effet, fortement en faveur de cette opinion. De ce côté, et à une distance d'environ 200 milles des bords du lac, la chaîne de la côte orientale d'Afrique s'élève de 6,000 pieds dans la latitude de Zanzibar, et forme une haute chaîne dont le Kénia paraît être le sommet nord, tandis que le Kilimandjaro forme le sommet sud ; du Kénia descendent des rivières, qui, ainsi que l'apprit le docteur Krapf, coulent vers l'ouest, et il est probable qu'elles viennent alimenter le Nyanza d'Ukéréwé.

Ce qui semble appuyer l'opinion du capitaine Speke, c'est que si l'on vient à construire, ainsi que nous l'avons fait, une carte avec ses données, et celles de MM. d'Arnaud et Verne, le cours du haut fleuve Blanc (Bahr-el-Abiad), vient, à la hauteur de Janker, avec ses diverses populations riveraines, tomber juste dans le voisinage du grand lac d'Ukéréwé.

Maintenant ce n'est pas à dire pour cela que quelques rivières descendues du versant septentrional du Kénia ne puissent aller alimenter le Nil Blanc, de même que le Nil Bleu se trouve alimenté par

des rivières descendant des montagnes de l'Abyssinie. La singularité du rapprochement des noms de
deux rivières, le *Tubiri*, dont les Barry parlèrent à
M. d'Arnaud comme étant le nom que recevait le
fleuve Blanc au delà de leur pays, et le *Tumbiri*,
qui, d'après les informations du docteur Krapf, s'é-
chappe d'un lac situé au pied du versant septentrional ne doit pas être oubliée, et si ces deux rivières ne
sont pas identiques, voilà, du moins, une similitude
de noms obtenus sur deux points différents à des
époques différentes qui doit donner à penser.

Enfin, remarquons qu'à l'ouest du Nyanza et au
delà du versant septentrional de cette chaîne demi-
circulaire qui sépare le Tanganyika du Nyanza d'U-
kéréwé, s'étend un vaste plateau dont le niveau ne
diffère pas beaucoup de celui des eaux du Nyanza, et
que Speke apprit que ce grand plateau marécageux
était coupé par un réseau de rivières et de canaux
naturels qui alimentaient le Nyanza, n'avons-nous
pas là ce grand marais que Ptolémée et Pline assi-
gnaient pour source de l'une des branches du Nil?
Ces plaines marécageuses sont d'ailleurs sur le méridien du fleuve Blanc lui-même si l'on adopte pour la
longitude de Janker, 26° 20' (E. P.), trouvée par le
R. P. Knoblecher, au lieu de 30° 5' (E. P.), trouvée
par M. d'Arnaud.

Les Barry dirent à M. d'Arnaud que bien loin au
delà de Janker, à *une lune* de marche, c'est-à-dire
trente jours, le fleuve Blanc n'offrait plus que l'apparence d'un large ruisseau (cela doit dépendre de l'é-

poque de l'année), très-rapide et torrentueux, formé par plusieurs bras qui venaient se réunir en un même point. Il ne serait pas impossible que ces bras vinssent à la fois et du versant nord du Kénia, et du Nyanza d'Ukéréwé, et de ce réseau de rivières qui couvrent la plaine élevée située au pied du versant septentrional de cet amphithéâtre de montagnes circulaires, dans lesquelles le capitaine Speke croit voir les montagnes de la Lune.

L'élévation du Nyanza d'Ukéréwé et de la vaste plaine, semée de collines de 400 à 600 pieds d'altitude qui l'environne est d'environ 4,000 pieds anglais, l'élévation des eaux du fleuve Blanc à Khartoum est de 1,431 pieds, cela donnerait donc au Nil une pente de 2,563 pieds pour un cours de 16 degrés 1/2 ou de 412 lieues en ligne directe ; c'est-à-dire un peu plus de 6 pieds par lieue. Or, la pente moyenne du Nil depuis Khartoum jusqu'à Assouan est de 4 pieds par lieue, on voit donc qu'un fleuve sortant du lac d'U-kéréwé ou de la région avoisinante aurait une pente plus que suffisante pour porter ses eaux jusqu'à Khartoum, d'ailleurs, on a remarqué que la pente moyenne depuis Janker jusqu'à Khartoum ne dé-passait guère 5 pieds par lieue (1). Il est très-pos-sible que le plateau où gît le grand Nyanza s'abaisse assez brusquement vers le nord, de manière à pré-senter à ceux qui viennent de cette direction en

____

(1) La station de Gondokoro est à une altitude de 1,605 pieds, il faut donc que la pente depuis le plateau du Nyanza soit très-consi-dérable ; elle doit occasionner des rapides et des chutes nombreuses.

remontant le Nil l'apparence de montagnes élevées, ainsi que cela a été observé pour les montagnes situées à une certaine distance de la côte orientale. Alors seraient expliquées l'existence des montagnes de Kombirat, de Brun-Rollet, et celles des nombreux rapides qui semblent interdire la navigation du haut Nil au delà de Janker.

Enfin, la crue périodique du Nil, en juin dans le cours inférieur du fleuve s'expliquerait par le débordement annuel du lac, des marécages, des rivières, dans le haut plateau d'Ukéréwé, à la suite de la saison des pluies qui a lieu ici du 15 novembre au 15 mai.

De toutes ces raisons ne doit-on pas inférer, sinon que le fleuve Blanc sort du grand lac appelé Nyanza d'Ukéréwé, comme le croit le capitaine Speke, du moins que le grand plateau qui contient ce lac renferme certainement ces sources si longtemps recherchées, et que non-seulement elles peuvent provenir du lac; mais que, sans doute, d'autres branches descendant, comme le Tumbiri, du Kénia, ou bien formées par les marécages situés à l'ouest du lac, viennent en grossir le cours.

La question des sources du Nil se trouve ainsi, sinon résolue, du moins resserrée, localisée, et désormais on saura diriger avec une plus grande certitude les futures explorations qui nous apporteront le dernier mot de cette énigme séculaire géographique.

VIII.

L'espace inconnu dans l'Afrique équatoriale et centrale se restreint de plus en plus. — L'avenir !

Les découvertes des capitaines Burton et Speke viennent encore réduire, d'une manière notable, l'espace réservé à l'inconnu sur nos cartes d'Afrique. Elles embrassent l'espace de 7 degrés en longitude, du 26e au 33° du méridien de Paris, et 5 degrés en latitude, du 2e au sud de l'Équateur au 7e. Sans doute laissent-elles dans cette vaste étendue de 21,875 lieues carrées plus d'une lacune, mais elles permettent déjà d'esquisser sur nos cartes le canevas de cette partie de l'intérieur de l'Afrique.

Elles ont de plus à nos yeux un grand avantage, c'est de confirmer ce que nous avaient appris les missionnaires Krapf, Rebmann et Ehrardt. Les capitaines Burton et Speke ont, comme ces derniers, trouvé au delà de la chaîne parallèle à la côte un plateau puis un pays inclinant à l'ouest vers le lac de Tanganyika. Le pays était coupé de rivières qui, en descendant du plateau, franchissaient par d'étroits passages des lits de rochers qui déterminaient de nombreux rapides. Dans leur carte ils ont écrit les noms des pays : Ukuafi, Udoe, Umuera, Ugindo, Uhiyow, Ufipa, Ukalaganza, etc., etc. ; ce sont ceux désignés dans la carte d'Erhardt par le nom de leurs habitants (1) : Wakuafi, Wadoe, Wamuera, Wagin-

(1) Voir la note de la page 33.

do, Wahiao, Wafipa, Wakalanganza, etc. , etc. Les districts d'Ugogo, d'Uniamesi, d'Ujiji sont dans l'esquisse de Speke que nous avons eu sous les yeux exactement placés comme les missionnaires les avaient indiqués. On doit être frappé de la ressemblance de Kabogo, point où l'on traverse le lac de Tanganyika avec l'île de Kavogo des missionnaires. De plus, Kavogo est, comme l'avaient appris ces derniers, marqué sur leur carte à cinq journées de navigation d'Ujiji, et ce qui aura trompé les informateurs de MM. Erhardt et Rebmann, c'est que pour se rendre d'Ujiji à Kabogo il faut réellement quitter la voie de terre pour s'embarquer comme si l'on se rendait dans une île. De l'autre côté du grand lac, selon les informations des missionnaires d'une part, des capitaines anglais de l'autre, habitent en effet les Wabembé (pays d'Ubembé). Mais ce qui prouve que les informateurs arabes des docteurs Krapf et Rebmann avaient confondu en un seul les deux lacs de Tanganyika et Nyanza d'Ukéréwé, c'est ce nom d'Ukéréwé donné à l'ensemble du grand lac, nom qui n'appartient qu'au lac situé au nord-est de celui de Tanyanyika, et auquel la courtoisie anglaise fait donner par Speke le nom de Victoria Nyanza. Peut-être convient-il aussi d'assimiler les Arangas de la carte du docteur Erhardt avec les habitants du district de Karagway dans l'esquisse de Speke. Enfin, comme le fait remarquer le docteur A. Petermann (1), le Mdjigidji de la carte d'Erhardt et Reb-

(1) Voir les remarques dont le savant géographe de Gotha accom-

mann se retrouve sur celle du capitaine anglais dans celui de la Malagarazi, qu'il traversa deux fois. Dans l'un et l'autre cas, la rivière vient du pays des Wa-langua (Ukhanga) pour se jeter dans le lac.

Quant aux trois routes qui, selon les Arabes, conduisaient infailliblement de la côte orientale au grand lac, et qui sont marquées sur la carte d'E-rhardt(1) comme partant de Pangani, de Bagamoyo et de Quiloa, elles conduiraient, nous le pensons du moins, à trois lacs différents ; la première, celle de Pangani, par Endarassere (l'Endaraserani d'E-rhardt) et Burgenei, au Nyanza d'Ukéréwé, le Victoria Nyanza du capitaine Speke ; la seconde, celle de Bagamoyo, par Ugogo et Ujiji, au lac de Tanganyika ; la troisième enfin, celle de Quiloa au Nyanja (au lac) du pays des Maravi, des Wamaravi, c'est le lac N'yassi (2) de l'esquisse de Speke, et l'on y

pagne l'article : *Die Englische Expedition unter Burton und Speke nach Inner-Afrika. Mittheilungen*, N° IX, 1859.

(1) Voir la réduction que nous avons donnée aux *Annales* de juin 1856.

(2) Nous pensons que ce Nyanja, ou Nyassi, doit être le lac *N'yinyezi* ou des *Etoiles*, dont parle le R. Dr David Livingstone dans sa lettre en date de la rivière Shiré, 1er juin 1859, adressée à Sir George Grey. C'est ce lac qui ne serait séparé du nouveau lac Shirwa que par une langue de terre large de 5 ou 6 milles. Mais le Dr Livingstone se trompe assurément lorsqu'il croit son lac Shirwa voisin de celui qu'exploraient Burton et Speke. Voici d'ailleurs la lettre du Dr Livingstone :

« Mon cher Sir George, en remontant cette rivière (le Shiré, affluent du Zambèse) dans une petite embarcation à vapeur, sur un parcours d'environ 100 milles (160 kilom.) et en franchissant ensuite à pied une distance d'envion 50 autres milles (80 kilom.), nous venons de découvrir un magnifique lac, nommé *Shirwa*, en comparaison duquel le

arrive bien par l'Ugindo et l'Uhiyow, pays des Wagindo et des Wahiao.

Si, en les considérant avec quelque attention, on

lac N'gami n'est qu'un étang, et d'autant plus intéressant que, si l'on
en croit les natifs, il ne serait séparé que par une langue de terre large
de 5 ou 6 milles, d'un autre lac encore plus grand, le N'yinyesi ou lac
des Étoiles, celui-là même que Burton est allé explorer.

» Nous n'avons pas entendu parler de lui au Shirwa, nous ne savons
s'il a réussi. Le lac Shirwa n'a aucune issue, et ses eaux sont trop amères
pour être potables. Il abonde en poissons, en sangsues, en crocodiles
et en hippopotames.

» Nous découvrîmes aussi, en examinant partiellement une branche
du Shiré, appelée Ruo, qu'une portion du Shirwa n'est pas éloignée
de plus de 30 milles d'un point qui pourrait aisément être atteint par
notre chaloupe à vapeur, qui, selon les journaux, tire 13 pouces d'eau
et en réalité 31 pouces.

» Le lac Shirwa est très-grand, il est entouré de tous côtés par de
hautes montagnes, couvertes de verdure. L'une d'elles, le Zamba, a
6,000 pieds d'élévation, et sa forme est à peu près la même que celle
de la montagne de la Table (cap de Bonne-Espérance) : mais elle est
habitée jusqu'au sommet ; d'autres également hautes paraissent inac-
cessibles. Le plateau tout entier est très-élevé, puisque le lac se trouve
à 2,000 pieds au-dessus du niveau de la mer. Cette nappe d'eau a de
20 à 30 milles de large, sur 50 ou 60 de long.

» En montant sur une des collines les plus rapprochées du bord,
nous découvrîmes au loin deux cimes paraissant sortir des eaux, et
que nous croyons être des îles. Il s'en trouve, du reste, une assez
grande et qui est habitée, près de l'endroit où nous sommes arrivés.
L'élévation des vagues du lac donne lieu de croire que ses eaux sont
profondes. M. Mac Lear vous montrera la carte que nous en avons
dressée.

» Le pays est très-peuplé et a beaucoup de ressemblance avec le
Londa de l'intérieur, ce sont la même végétation et les mêmes marécages d'où s'échappent de nombreux ruisseaux. Mais nulle part je n'a-
vais vu autant de coton que chez les Manganga des vallées de la Shiré
et du lac Shirwa. Toute la population, y compris les chefs, est occupée à le filer et à le tisser....... En juillet, nous retournerons au Shirwa, et nous ferons une excursion au N'yinyezi. »

reconnaît la véracité et le fondement de la plupart des informations que recueillirent les dévoués missionnaires Krapft, Rebmann et Erhardt, ne doit-on pas croire que le premier n'avait accueilli qu'avec la plus grande réserve les renseignements qu'il donne, relativement au Kénia (1), *couvert de neige,* qu'il a réellement vu dans son second voyage. Il ne faut pas inférer de ce que Burton et Speke n'eurent pas connaissance de cette montagne, non plus que du Kilimandjaro, qu'elles doivent rentrer dans le domaine de la Fable. Leurs marches les ont probablement conduit hors de la vue de ces montagnes. Quant à l'existence des neiges sous l'équateur, c'est là une question qui n'est pas impossible de résoudre affirmativement. Pourquoi, en effet, n'y aurait-il pas en Afrique, dans le voisinage de l'Équateur, des montagnes à neige persistante, comme il en existe en Amérique; et d'ailleurs, ne devons-nous pas

(1) A l'exemple du docteur A. Petermann, nous avons dans notre carte placé le Kénia à l'est du Kilimandjaro vers le 36ᵉ degré de longitude orientale du méridien de Paris; tandis que les docteurs Krapf et Rebmann placent, dans la leur, cette même montagne à l'ouest du Kilimandjaro, et vers le 33ᵉ degré; sans présenter une aussi grande différence (3 degrés), les positions de Fuga et du Kilimandjaro sont aussi déplacées et plus rapprochées de la côte. Cela tient à ce que dans leur évaluation des distances, les RR. missionnaires ont calculé des journées de marche trop fortes et que nous avons tout ramené aux observations faites par les capitaines Speke et Burton. La distance de Fuga, village visité à la fois par les capitaines anglais et par les missionnaires, a servi de point de comparaison pour déterminer la valeur moyenne des marches qui, avec la direction générale, sont les seuls éléments à l'aide desquels MM. Krapf et Rebmann avaient déterminé la position du Kénia et du Kilimandjaro.

prendre acte de ce fait, que dans son voyage à Fuga le capitaine Speke, goûtant les eaux de la rivière de Pangani, leur trouva un goût particulier qui lui rappelait celui de la neige fondue (1). Or, le capitaine Speke, qui a parcouru les hautes régions de l'Himalaya, est un homme expert en pareille matière ; la question de montagnes neigeuses sous l'Équateur n'est qu'une question d'altitude.

Quoi qu'il en soit, le Kénia et le Nyanza d'Ukéréwé sont les deux points qui doivent fixer l'attention des voyageurs futurs. Que de résultats n'obtiendrait-on pas de la complète reconnaissance du Nyanza d'Ukéréwé, surtout dans sa partie septentrionale, qui, nous le soupçonnons, cache du moins en partie la solution de la recherche des sources du Nil ; combien l'exacte connaissance de la situation du Kénia, de ses pentes, des eaux qui en découlent, n'importe-t-elle pas à la géographie de cette partie de l'Afrique. « Les lignes d'explorations qui rayonnent de là dans toutes les directions, dit notre savant confrère, M. Vivien de Saint-Martin (2), conduiront toutes à des découvertes décisives, au nord et au nord-est, elles iront se relier aux reconnaissances du fleuve Blanc, ou bien, à travers la contrée des Gallas, elles iront rejoindre les explorations de M. d'Abbadie dans l'Énaréa, et celles de M. Burton chez les

(1) Voir plus haut, page 20.

(2) Voir au *Bulletin de la Société de Géographie* d'avril 1859 l'intéressant article intitulé : *La Recherche des sources du Nil*. Cet article a été lu par l'auteur dans l'assemblée générale du 8 avril 1859.

Somâl. Au nord-ouest, elles viendront se rattacher à travers toute l'étendue de la région équatoriale, aux découvertes de Barth et de Baikie, dans le bassin de la Benoué, après avoir coupé probablement tout le réseau des affluents encore inconnus de la gauche du Bahr-el-Abyad. Au sud-ouest enfin, elles pénètrent au cœur même du continent austral, coupent la région des grands lacs, et viennent aboutir au Zaïre inférieur ou au bassin du Zambézi, se rattachant ainsi aux voyages récents de Burton et de Livingstone. Il y a là de quoi alimenter largement l'activité des explorateurs. »

C'est, en effet, notre sentiment : que le gouvernement anglais, que la Société géographique de Londres à laquelle revient déjà l'honneur de tant de hardies tentatives qui ont tourné au profit de la science, se hâtent donc d'organiser avec de puissantes ressources une mission d'exploration destinée à compléter les résultats de cette dernière ; que l'on n'oublie pas surtout que *faute de ressources suffisantes,* Burton et Speke furent par trois fois contraints à restreindre le champ de leurs explorations, et que faute de quelques dollars ils ne purent une première fois pousser leur course de Fuga jusqu'au Kilimandjaro, une seconde fois explorer la partie méridionale du lac de Tanganyika, enfin, que Speke ne put visiter l'île d'Ukéréwé, ni naviguer sur le Nyanza, faute de moyens matériels et pécuniaires.

Ce sera un des titres de gloire de notre siècle aux yeux des générations futures d'avoir fait progresser d'une manière très-notable les connaissances relatives à la géographie de l'Afrique. Que l'on veuille bien comparer une carte d'Afrique en 1860 avec celle des premières années du siècle, et l'on verra combien ces soixante dernières années ont été à elles seules plus fructueuses par leurs conquêtes sur l'inconnu, que les siècles qui avaient précédé. Nous n'avons pas besoin de rappeler au prix de quels sacrifices nous sommes arrivés à compléter ainsi successivement nos cartes. Les noms des victimes, ceux du petit nombre de voyageurs, qui, plus heureux, ont revu leur patrie, sont dans la mémoire de tous les amis des sciences géographiques. Telle est l'heureuse impulsion communiquée aujourd'hui à ces sortes de recherches que nous ne faisons nul doute que d'ici à la fin du siècle la partie entièrement laissée en blanc sur nos cartes, et qui s'étend maintenant du 10e au 25e degré de longitude orientale du méridien de Paris, et du 10e, parallèle au nord de l'Équateur, au 8e, au sud, ne soit entièrement remplie.

Espérons qu'un nom français viendra encore s'ajouter à ceux des hommes dévoués et intrépides, qui, à l'exemple de Caillié, ont, glorieusement, et avec profit pour la science que nous aimons, porté leurs pas sur cette belle terre d'Afrique.

TABLE DES MATIÈRES.

———

———

Paris. — Imprimé par E. Thunot et Cᵉ, 26, rue Racine, près de l'Odéon.

LA FRANCE ILLUSTRÉE. *Géographie, Histoire, Administration et Statistique.* 2 volumes grand in-8º de 52 feuilles chacun, ornés de 310 gravures sur bois avec un atlas (formant un 3e volume) de 105 cartes dressées par *A. H. Dufour* et lithographiées par *Erhard-Schiéble.* Paris, 1852-1855.

PROGRÈS DES SCIENCES GÉOGRAPHIQUES EN 1851. — Résultats obtenus par les plus récents voyageurs à cette époque; br. in-8º, Paris, 1853.

NOTICE GÉOGRAPHIQUE ET HISTORIQUE SUR LA NOUVELLE-CALÉDONIE, lue à la séance générale de la Société de géographie du 30 avril 1854; br. in-8º, Paris, 1854.

COUP D'OEIL D'ENSEMBLE SUR LES DIFFÉRENTES EXPÉDITIONS ARCTIQUES, ENTREPRISES A LA RECHERCHE DE S. JOHN FRANKLIN ET SUR LES DÉCOUVERTES GÉOGRAPHIQUES AUXQUELLES ELLES ONT DONNÉ LIEU; broch. in-8º avec une carte, Paris, 1855.

LES CARTES GÉOGRAPHIQUES A L'EXPOSITION UNIVERSELLE DE 1855; une br. de 5 feuilles in-8º, Paris, 1855.

NOTICE SUR LES DÉCOUVERTES RÉCENTES DES MISSIONNAIRES ANGLAIS DANS L'AFRIQUE ÉQUATORIALE ET SUR L'EXISTENCE DE PLUSIEURS GRANDS LACS DANS L'INTÉRIEUR DE CE CONTINENT, lue à l'assemblée générale de la Société de géographie du 4 avril 1856; une broch. in-8º avec une carte, Paris, 1856.

RÉSUMÉ HISTORIQUE DE LA GRANDE EXPLORATION DE L'AFRIQUE CENTRALE FAITE DE 1850 A 1855, PAR J. RICHARDSON, H. BARTH, A. OVERWEG, AVEC UNE CARTE ITINÉRAIRE; 1 broch. in-8º de 7 feuilles, Paris, 1856.

RÉSUMÉ HISTORIQUE DES EXPLORATIONS FAITES DANS L'AFRIQUE CENTRALE DE 1849 A 1856, PAR LE RÉV. DOCTEUR DAVID LIVINGSTONE, AVEC UNE CARTE ITINÉRAIRE; 1 broch. in-8º de 6 feuilles, Paris, 1857.

SUR LES DIFFÉRENTS PROJETS DE COMMUNICATION INTEROCÉANIQUE, PAR LE GRAND-ISTHME DE L'AMÉRIQUE CENTRALE; Introduction de 52 pages, *avec une carte,* du Projet d'un canal maritime sans écluses, entre l'Océan Atlantique et l'Océan Pacifique à l'aide des rivières Atrato et Truando; par M. KELLEY de New-York; broch. in-8º de 5 feuilles; Paris, 1857.

ESQUISSE HISTORIQUE SUR LES GRANDES CARTES TOPOGRAPHIQUES DE LA FRANCE, SUIVIE D'UN TABLEAU COMPARATIF DES CARTES TOPOGRAPHIQUES PUBLIÉES EN EUROPE, PAR LES SOINS ET SOUS LES AUSPICES DES GOUVERNEMENTS (Compte rendu lu à la séance de la commission centrale de la Société de géographie de Paris du 18 décembre 1857). 1 broch. in-8º de 20 pages; Paris, 1858.

ITINÉRAIRE HISTORIQUE ET ARCHÉOLOGIQUE DE PHILIPPEVILLE A CONSTANTINE ACCOMPAGNÉ D'UNE CARTE ITINÉRAIRE PRÉSENTANT LE TRACÉ DE L'ANCIENNE VOIE ROMAINE, DE LA ROUTE ACTUELLE ET DU CHEMIN DE FER PROJETÉ. 1 broch. in-8º de 4 feuilles, *avec une carte;* Paris, 1858.

RÉSUMÉ HISTORIQUE DE L'EXPLORATION FAITE DANS L'AFRIQUE CENTRALE DE 1853 A 1856 PAR LE DOCTEUR ÉDOUARD VOGEL, AVEC UNE CARTE ITINÉRAIRE. 1 broch. in-8º de 4 feuilles; Paris, 1858.

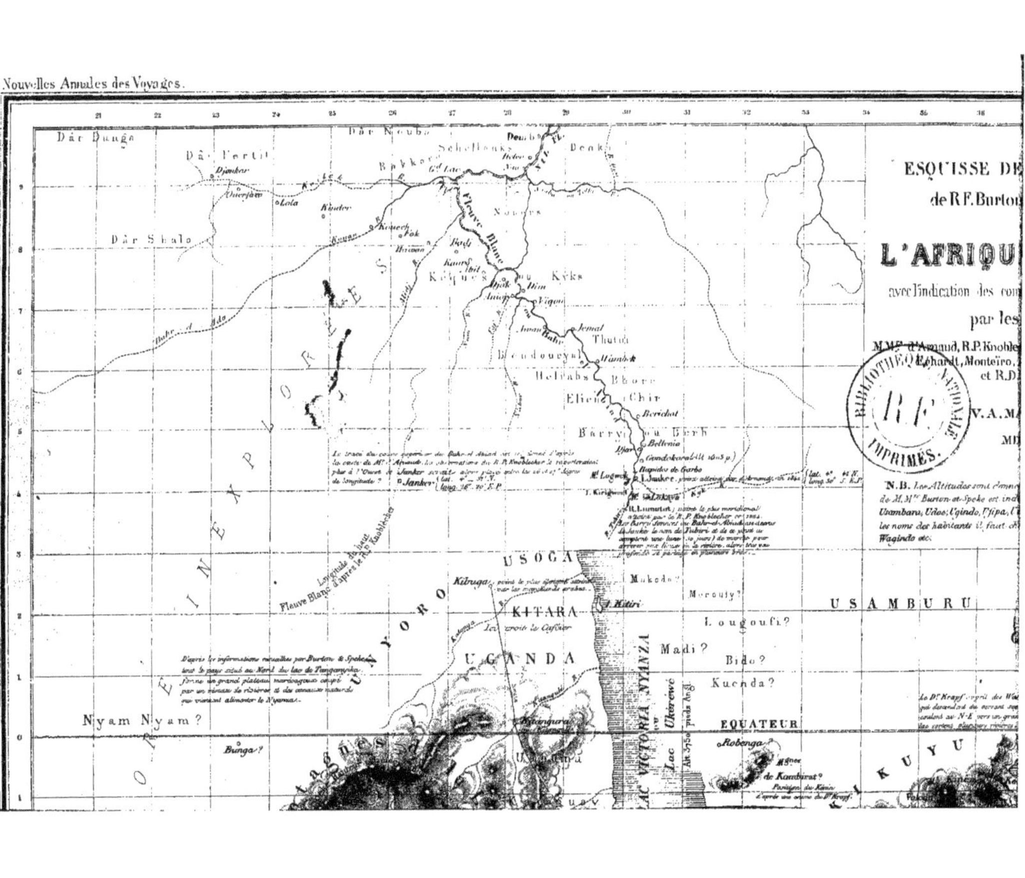
Dâr Dunga
Dâr Fertit
Djonkor
Gôlo
Cuerfôm
Lola
Kinder
Dâr Shalo
Kauca
Kiguech
Fôk
Hraoun
Bahr el Ibd
Bagi
Kaura
Ibit
Kêques du Kyks
Djok
Him
Amep
Vigou
Inuan
Jemal
Thutui
Bakkor
Gd Lac
Fleuve Blanc
Nouba
Schellouks
Denka
Denka
Dembô
Nilo
Bi o udoueya
Mianbek
Hellabs
Bhore
Elien
Chir
Berichot
Barry ou Berb
Bellenia
Bjari
Gondokoro
Mt Logued
Rapides de Garbo
I Janker
J. Kirfa
Mt Galenra
R. Lumuton
USOGA
Kibruga
I. Kitiri
Mukodo?
Merouiy?
KITARA
Les droits de Gaffier
Lougoufi?
UGANDA
Madi?
Bido?
Kuenda?
UNYORO
Nyam Nyam?
Bunga?
Mtangura
Uganna
LAC VICTORIA NYANZA
Lac Ukerewe
Alt 3750 pieds angl.
EQUATEUR
Robenga
Mtnes de Kambirat?
KUYU
USAMBURU
O E I N E X P L O R E E S

ESQUISSE DE
de R.F. Burton
L'AFRIQUE
avec l'indication des com
par les
MM. d'Arnaud, R.P. Knoble
Echardt, Monteïro,
et R.D.
V.A.M
MD
N.B. Les Altitudes sont donné
de M. M. Burton et Speke est ind
Usambara, Udoe, Ugindo, Ufipa, U
les noms des habitants il faut ch
Wagindo etc.

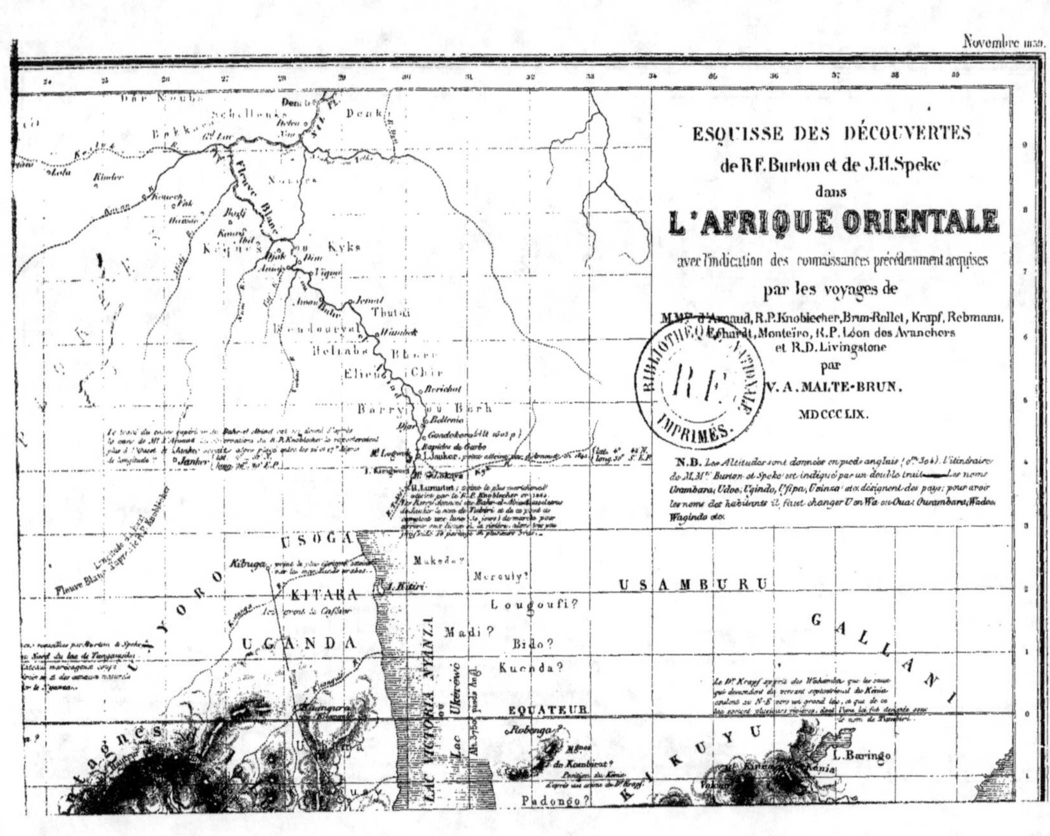

ESQUISSE DES DÉCOUVERTES
de R.F. Burton et de J.H. Speke
dans
L'AFRIQUE ORIENTALE
avec l'indication des connaissances précédemment acquises
par les voyages de
MM. d'Arnaud, R.P. Knoblecher, Brun-Rollet, Krapf, Rebmann,
Erhardt, Monteiro, R.P. Léon des Avanchers
et R.D. Livingstone
par
V.A. MALTE-BRUN.
MDCCCLIX.
N.B. Les Altitudes sont données en pieds anglais (0m.304). L'itinéraire
de MM. Burton et Speke est indiqué par un double trait. Les noms
Ourambara, Udoe, Ugindo, l'Fipa, Uninca etc. désignent des pays; pour avoir
les noms des habitants il faut changer U en Wa ou Oua: Ourambara, Wadoe,
Wagindo etc.
USOGA
KITARA
UGANDA
U YORO
USAMBURU
GALLANI
KIKUYU
LAC VICTORIA NYANZA
ou Lac Ukerewé
ÉQUATEUR
Mensuly?
Lougoufi?
Madi?
Bido?
Kuenda?
Padongo?
L. Baringo
Kenia
Fleuve Blanc
NIL EL

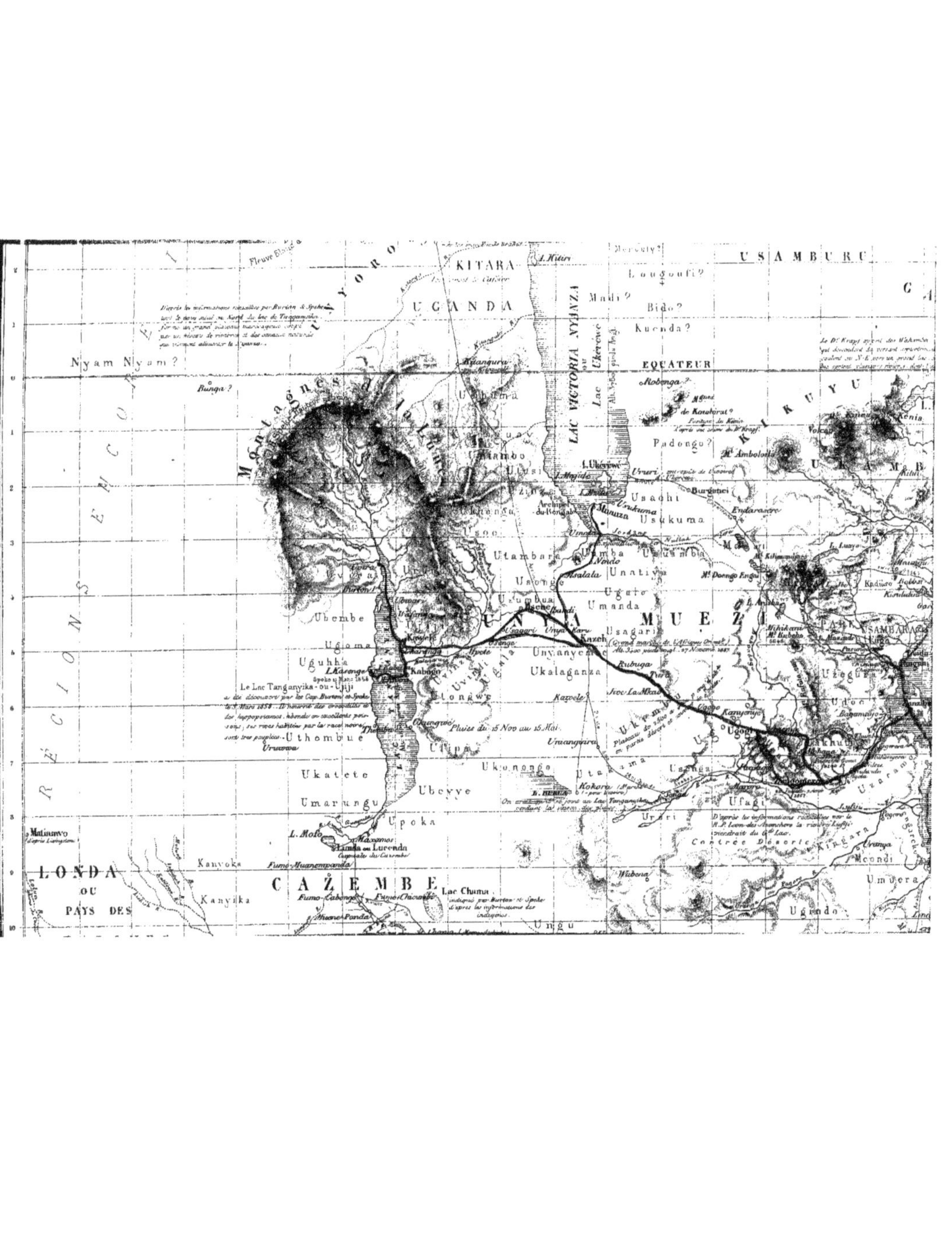

KITARA
UGANDA
USAMBURU
Fleuve Blanc
L. Kitur
Lougoufi?
Madi?
Bido?
Kuenda?
EQUATEUR
Nyam Nyam?
Bunga?
Robenga?
KIKUYU
Kenia
Padongo?
M. Ambololi
USAGHI
Mambo
L. Ukerewe
Usukuma
Usui
Utambara
Unativ
Usonge
Ugato
UNYAMUEZI
Umanda
Ubembe
Ugoma
Uguhha
Ukalaganza
Unyanyembe
Le Lac Tanganyika-ou-Ujiji
Kabogo
Ulongwe
Utipa
Ukonongo
Uthombue
Urarwa
Ukatete
Ubeyye
Umarungu
Upoka
L. Moto
Matiumvo
LONDA
OU
PAYS DES
Kanyoka
Kanyika
CAZEMBE
Lac Chama
Ungu
Ugando
Umuera

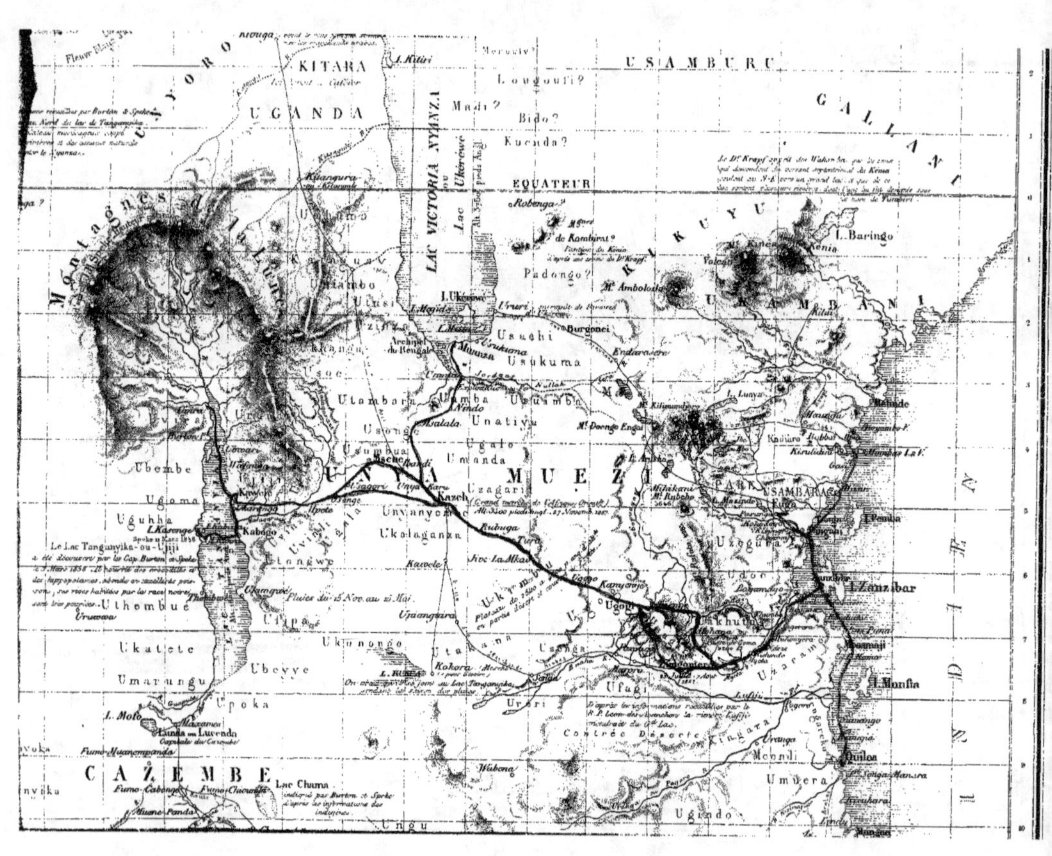
USAMBURU
GALLA
KITARA
UGANDA
UNYORO
Fleuve Blanc
I. Kitiri
Merouive?
Lougouli?
Madi?
Bido?
Kuenda?
EQUATEUR
Robenga?
LAC VICTORIA NYANZA
ou Lac Ukerewe
KIKUYU
Kenia
L. Baringo
UKAMBA
Montagnes de la Lune
Padongo?
M. Ambolole
Usuchi
Burgenei
Endarasere
Mombas la V.
Melinde
Usukuma
Unyamuezi
Uzagari
Unyanyembe
PARK USAMBARA
Uzagura
L. Pemba
Le Lac Tanganyika-ou-Ujiji
I. Zanzibar
Kabogo
Ukaganza
Rubuga
Uhembue
Upoka
Ukonongo
Ukatete
Ukuanza
Ubeyye
Umarungu
Contrée Deserte
L. Moto
I. Mongo
CAZEMBE
Lac Chama
Ukanga
Ugando
Umuera
Quiloa
L. Monfia
OCÉAN INDIEN

LONDA
OU
PAYS DES
BALONDA
CAZEMBE
MAKOLOLO
Matiamvo
Kanvuka
Kanvika
Pays de Matiamvo
ou de Muatayauva
Région bien boisée
Plaines boisées
Lac Shuia
Barotsé
Masiko
Bashukulompo
Batonga
Babiampe
Matebeli
Bouches du Zamb

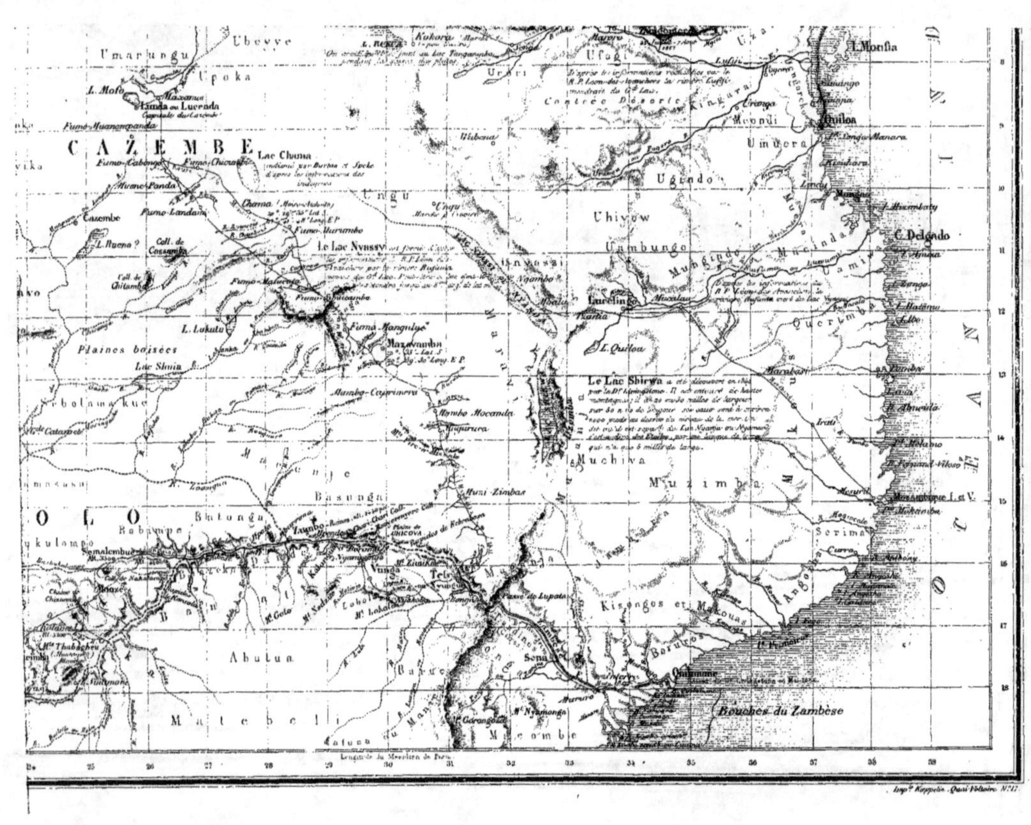

Umarungu
Ubeyye
Upoka
L. Moto
Maxamos
Lunda ou Lucenda
Capitale du Cazembe
Fumo-Muanompanda
CAZEMBE
Fumo-Cabongo
Fumo-Chicrambi
Lac Chama
indiqué par Burton et Speke
d'après les informations des
indigènes
Muane-Panda
Chama
Tngu
Uhu
Cazembe
Fumo-Landani
Fumo-Murumbo
L. Ruena ?
Coll. de Cossamba
Le Lac Nyassy
Coll. de Chilamba
Fumo-Malucuta
Fumo-Chicoamba
L. Lukutu
Fumo-Mangulye
Plaines boisées
Mazavamba
Lac Shuia
Mambo-Cosprimera
Mambo Mocamba
Ukulompo
Basunga
Muzi-Zimbas
Muchiva
Muzimba
OLO
Bhtonga
Rabampe
Taumbo
Sena
Kisongos et Makoua
Semalembu
Teis
Abutua
Baruo
Matebeli
Mocombe
Garongoza
N'Nyamonga
Longitude du Méridien de Paris
Urori
Ufagi
Contrée Désorle
Kingara
Uranga
Meonji
L. Monfia
Ninungo
Quiloa
Umuera
Kisuhara
Ugindo
Uhivow
Umbungo
Mungindo
Mucinda
C. Delgado
Anjoa
Lurelingo
Muxalau
Ourumba
Muzimba
L. Quiloa
Le Lac Shirwa
Marabasi
Angona
Serima
Mozambique
Quirimme
Bouches du Zambèse